抗战岁月中的坚守与传承

中山大学法学院坪石办学论集

《粤北华南教育史研学基地论文集》编委会◎著

ZHONGSHAN DAXUE FAXUEYUAN
PINGSHI BANXUE LUNJI

中国政法大学出版社

2021·北京

图书在版编目（ＣＩＰ）数据

中山大学法学院坪石办学论集/《粤北华南教育史研学基地论文集》编委会著. —北京：中国政法大学出版社，2021.12

　ISBN 978-7-5764-0233-9

　Ⅰ.①中… Ⅱ.①粤… Ⅲ.①中山大学法学院－校史 Ⅳ.①G649.286.51

中国版本图书馆 CIP 数据核字(2022)第 007120 号

出 版 者　　中国政法大学出版社

地　　址　　北京市海淀区西土城路 25 号

邮寄地址　　北京 100088 信箱 8034 分箱　邮编 100088

网　　址　　http://www.cuplpress.com (网络实名：中国政法大学出版社)

电　　话　　010-58908586(编辑部) 58908334(邮购部)

编辑邮箱　　zhengfadch@126.com

承　　印　　北京中科印刷有限公司

开　　本　　880mm×1230mm　1/32

印　　张　　7.5

字　　数　　220 千字

版　　次　　2021 年 12 月第 1 版

印　　次　　2021 年 12 月第 1 次印刷

定　　价　　49.00 元

序

　　自广东省政府启动开展粤北地区抗日战争时期内迁教育机构遗址保护利用，打造港澳抗日战争华南教育历史研学基地以来，韶关学院各单位积极参与华南教育历史研学基地建设，主动投身"坪石先师"教育历史文化遗存的研学和活化。许瑞生副省长在研学工作推进会上也指出，进一步推进粤北华南教育历史研学基地建设，是我省贯彻落实习近平总书记在考察西南联合大学旧址时讲话精神的重要举措，是 2021 年我省开展纪念抗战胜利 76 周年的重要内容。

　　韶关学院政法学院在学校领导的高度重视和大力支持下，积极开展华南教育历史研究活动。研学团队多次赴乐昌坪石武阳司村参观了中山大学法学院旧址、法学院经济学系主任王亚南住所旧址，观瞻了历史建筑、旧址踪迹和旧址中展出的部分史料，追忆了华南教育的摇篮与圣地。大家一致认为，华南教育历史研学基地将历史与现实、过去与未来联结在一起，保存及延续了中华民族教育的星火，具有极高的历史价值及文化价值。开展"坪石先师"及其在粤北地区教育历史文化遗存的研究和活化，是韶院人义不容辞的责任和义务，要着力打造抗日战争时期华南教育历史研究平台，传承好、弘扬好"坪石先师"们的民族精神、家国情怀和学术成就。在考察活动中，大家深刻地感受到，在艰苦动荡的抗战岁月里，讲台上、陋室中、油灯下，王亚南、李达、梅龚彬等前辈大师们仍笔耕不辍，诲人不倦，让粤北山村的中山大学法学院成为马克思主义研究与传播的阵地。各研学骨干纷纷表示要结合自身专业及研究方向，共同探讨华南教育的历史文化，以实际行动助推华南教育历史的传承与活化。

《粤北华南教育史研学基地论文集》（第 1 期），即为研学活动的部分成果。追寻华南教育历史，传承"坪石先师"精神，是本论文集的宗旨，是为序。

《粤北华南教育史研学基地论文集》编委会

2021 年 6 月 10 日

目　录

论王亚南对《资本论》的理论探索及启示

马全中*

摘　要： 王亚南对《资本论》的翻译以及此后著述的《中国经济原论》等著作，是对马克思主义以及马克思主义政治经济学的进一步发展，他将马克思主义同中国经济实践相结合的研究观点和对《资本论》研究方法的理论探索值得我们借鉴。在新时代中国特色社会主义和国家治理体系现代化建设过程中，我们需要学习王亚南实事求是的研究方法和严谨认真的治学态度。

关键词： 王亚南；《资本论》；研究方法

　　当前，我国已经全面迈入小康社会。在社会经济领域，我国经济社会建设已经进入了新常态，经济体制改革面临着很多新的矛盾和问题；在社会治理创新领域，伴随着改革开放，我国面临着社会矛盾频发，各种风险矛盾突出的问题。如何解决这些新时代面临的挑战，是当今理论界和实践领域亟须面对的重要问题。一方面，我们需要在党中央的领导下，不断改革，勇于实践，勇于探索；另一方面，我们也需要不断研究、探索和发展马克思主义理论，从马克思列宁主义经典理论著作中寻

* 马全中，1974 年生，男，河南信阳人，韶关学院政法学院教授，法学博士。主要研究方向：服务型政府和社会组织研究。

找未来发展路径。习近平总书记在纪念马克思诞辰 200 周年大会上指出,"1867 年问世的《资本论》是马克思主义最厚重、最丰富的著作"。[1]解决新时代面临的各种矛盾与问题,重要路径之一是不断研究、探索和发展马克思主义,马克思主义产生于特定的时代,但马克思主义同样超越于诞生他的那个时代。

实际上,自中华人民共和国成立以来,我国理论界和实践领域的学者和改革者们都在不断研究、探索和发展马克思主义,理论家们通过翻译、研究马克思主义经典著作,为中华人民共和国的政治、经济、社会发展作出了巨大的贡献,王亚南先生就是其中杰出的代表。王亚南是我国著名的经济学家,他将毕生精力投入到《资本论》的翻译以及将《资本论》中国化研究的宏伟事业之中。厦门大学教授陈克俭曾经撰文指出:"王亚南是我国老一代最有影响的马克思主义经济学家之一。他学贯中西,融合古今,著作等身,建树多多。但他在中国政治经济学史上最大的贡献就是与郭大力同志首先合译三卷本《资本论》并应用《资本论》创建了中国经济学,即《中国经济原论》(中华人民共和国成立后由人民出版社出版时,改名为《中国半封建半殖民地经济形态研究》)。"[2]王亚南对《资本论》的研究和发展不仅体现在翻译《资本论》这部马克思主义经典著作上,而且体现在他不断将《资本论》的原理实践化和中国化。除了《中国经济原论》,他还写作了《〈资本论〉的方法》《再论〈资本论〉的方法》《中国地主经济封建制度论纲》《中国官僚政治研究》等论文和著作。这些论著对于我国社会主义建设、新民

---

〔1〕 习近平:"在纪念马克思诞辰 200 周年大会上的讲话",载 http://www.xinhuanet.com/politics/2018-05/04/c_1122783997.html,2018 年 5 月 4 日访问。

〔2〕 陈克俭:"王亚南对创建中国经济学的历史性贡献及其启示——纪念王亚南诞辰 100 周年",载《东南学术》2002 年第 1 期。

主主义革命理论的形成具有重要意义。在新时代中国特色社会主义建设新时期，研究王亚南对《资本论》的相关理论探索，具有重要的理论意义和现实价值。

一、王亚南对《资本论》的翻译和研究

（一）以救国救民的情怀研究《资本论》

王亚南是中国著名的教育学家和经济学家，他的一生都致力于翻译和研究《资本论》。王亚南毕业于武昌中华大学教育系教育学专业（该校是华中师范大学的前身）。王亚南在大学时本来学习和研究教育学，但为了救国救民和实现报国理想，为了寻找解放旧中国的方法和道路，他后来对马克思列宁主义产生浓厚兴趣。因此，他和郭大力一起致力于研究《资本论》以及《资本论》的翻译工作。在郭大力和王亚南他们二人翻译《资本论》之前，当时已经有一些进步人士对《资本论》进行过一些简单概述和推介工作。例如，1906 年，朱执信在同盟会机关报《民报》上署名"蛰伸"发表《德意志社会革命家小传》一文，对《资本论》进行了初步的介绍。[1]后来陆续有革命者和革命理论家对《资本论》的部分内容以及一些观点和结论进行介绍和传播。但总体上，这些研究和介绍只是初步的、局部的，缺乏对《资本论》系统的翻译和介绍，所以，系统翻译和介绍《资本论》迫在眉睫，对中国革命非常重要。王亚南等人准备对《资本论》进行翻译和介绍，具有重大的历史意义，有其产生的历史必然性和政治、社会需要。

（二）为翻译《资本论》而研究古典经济学

1928 年，王亚南在杭州大佛寺见到郭大力以后，两个有志

---

〔1〕 漆琪生："王亚南同志对《资本论》在中国传播的贡献"，载《中国经济问题》1979 年第 5 期。

之士志同道合准备翻译《资本论》，但是由于他们缺乏资本主义古典政治经济学相关的知识，导致他们无法有效投入翻译和研究《资本论》这一伟大行动中来。为此，王亚南和郭大力决定先学习和研究古典经济学著作。20世纪20、30年代，王亚南与郭大力相继翻译了亚当·斯密的《国富论》、约翰·穆勒的《政治经济学原理》、里嘉图的《经济学及赋税之原理》、高畠素之的《地租思想史》等西方经济学著作，这些西方古典经济学的翻译和研究，为王亚南翻译《资本论》打下了坚实的基础。1938年出版的《资本论》之所以能成为经典，同时为中国革命作出巨大贡献，主要源于王亚南严谨的治学精神和扎实的专业素养。

（三）推动《资本论》在中国传播

王亚南对于《资本论》的翻译和研究对新中国马克思主义的传播作出了重要的贡献。漆琪生在《王亚南同志对〈资本论〉在中国传播的贡献》一文中认为："他在中国人民非常渴望能够得到马克思列宁主义科学真理来指导中国革命运动胜利实现的情况下，把《资本论》全译出来，他所作的贡献实在不能低估。"[1]王亚南是怀着救国救民的情怀来翻译和研究《资本论》的。1938年《资本论》的出版为当时中国革命提供了理论指导和精神源泉，也为半殖民地半封建社会条件下人们如何寻找救国救民的真理提供了前进方向。《资本论》的翻译出版是马克思主义在中国传播的重大历史事件，《资本论》的翻译和出版对中国的解放事业以及我国的新民主主义革命具有巨大的推动作用。

---

〔1〕 漆琪生："王亚南同志对《资本论》在中国传播的贡献"，载《中国经济问题》1979年第5期。

二、王亚南对旧中国社会性质和发展方向的判断——以《资本论》为视角

王亚南是著名的经济学家，他的重要贡献不仅仅体现在他翻译和传播《资本论》方面，还体现在他一生都在致力于创造性地以《资本论》这一经典著作及其理论体系为分析工具，来分析旧中国的经济社会性质和未来的社会经济制度发展方向。

（一）揭示旧中国半封建半殖民地的社会经济性质

王亚南用《资本论》的基本原理，揭示了旧中国半封建半殖民地的社会经济性质。20 世纪 30 年代，中国知识界产生了有关中国社会性质的论争，王亚南着眼于中国封建地主经济的特点，依据《资本论》理论体系的原理，认为旧中国的社会经济性质属于半封建半殖民地经济社会形态。陈克俭在谈到王亚南的著作《中国经济原论》的核心观点时认为："王亚南在研究中国半封建半殖民地经济的特质时，非常重视它与传统封建经济的渊源关系，他把中国封建传统地主经济特质的研究，当作半封建半殖民地经济研究的一个必不可少的准备步骤，并把他的地主经济理论应用于中国半封建半殖民地经济的研究中去。"[1]也就是说，王亚南特别注重我国封建社会对旧中国经济社会形态的影响。王亚南在分析旧中国半殖民地性质时认为："一个社会或一个国家的半殖民地化所形成的性格，主要是由它本身比较落后的封建生产关系所产生出来的，是通过它的各种封建剥削以及压迫造成的。"[2]实际上，王亚南在此指出，旧中国的封建生产关系对旧中国的经济形态和经济构成产生了极其深远的

---

〔1〕 陈克俭、罗郁聪："王亚南《中国经济原论》与中国经济学"，载《当代经济研究》2001 年第 3 期。

〔2〕 王亚南：《中国半封建半殖民地经济形态研究》，人民出版社 1957 年版，第 277 页。

影响，旧中国的一切经济形态实际上都受制于这个重要因素，而其他论者如奥地利学派对中国社会性质的判断，则忽视了这一重要的事实。需要指出的是，王亚南并没有孤立地分析旧中国的经济社会性质，而是用马克思主义的基本原理对我国社会性质进行客观的分析，然后在此基础上作出判断，同时指明旧中国反帝反封建的革命方向。王亚南在论及《中国经济原论》写作目的时曾经说过："作者当时在中国南方一个大学（即中山大学）讲授政治经济学，极力主张政治经济学中国化，要求学习政治经济学必须结合实际，必须运用最先进的马克思主义的社会经济理论来解析中国半封建半殖民地经济实况，并指出反帝反封建斗争的必然趋势。"[1]

（二）对旧中国未来发展方向的探索

王亚南还基于马克思主义政治经济学的观点对当时比较流行的代表性观点进行了批驳，分析了半殖民地半封建社会走向社会主义革命的必然性。中华人民共和国成立前的 40 年，对于我国未来将采取怎样的制度，理论领域和社会各界存在着"混合经济论""新资本主义论"与"民生主义论"等观点论争。[2]对于民生主义，王亚南批评它具有狭隘性和非现实性的缺点，而且民生主义实质上是改良主义；同时，王亚南也不赞成当时把新经济称呼为"新资本主义"。[3]对于混合经济制度，王亚南以原始社会转变到奴隶社会的社会状态，以及苏联建立苏维埃政权时的经济形态为例来进行批判，认为在这两种形态下虽然存在

---

〔1〕 罗郁聪、陈克俭："王亚南创建中国经济学对当今重建中国经济学的启示（上）"，载《当代经济研究》2000 年第 9 期。

〔2〕 甘民重、陈克俭："王亚南关于新经济体制的理论探索及其对混合经济观的批判"，载《福建论坛》1983 年第 2 期。

〔3〕 甘民重、陈克俭："王亚南关于新经济体制的理论探索及其对混合经济观的批判"，载《福建论坛》1983 年第 2 期。

着新旧社会经济制度并存的情况，但是，其中必然有一种制度即新的社会经济制度占据主导地位，所以，"混合经济论"是站不住脚的。[1]对此，王亚南认为当时的中国将来需要建立的经济制度在本质上属于一种"过渡型"制度，这种制度的根本特征是它具有"一元指导"的本质属性，这种制度肯定不是所谓的混合经济制度。[2]而且，单纯理论上的所谓混合经济制度并不存在，因为几乎在所有的社会形态里，实际上只能存在一个占据支配性的指导力量；同时，只有在这样一个主要的、唯一的指导原则统领之下，才能够促使整个社会经济顺利健康发展，才能实现预期的发展目的。[3]需要说明的是，王亚南所说的支配性的指导力量以及单一的指导原则，实际上指的是马克思列宁主义以及以马克思列宁主义为指导思想的政治领导。换言之，王亚南实际上指明了旧中国革命发展的社会主义方向。王亚南对中华人民共和国成立前社会性质的判断，以及对未来社会制度的设想是他通过观察和思考旧中国的现状而作出的分析判断；同时，这些判断和思考也是他科学应用《资本论》的思想体系和理论观点所作的科学论断。这说明，王亚南对《资本论》的理论探索不仅仅停留在马克思主义的文本上，而且将马克思主义的基本原理与中国的经济社会现实和中国的革命现实相结合。

---

〔1〕 陈克俭、邓子基、罗郁聪："王亚南对新中国经济的理论探索及启示"，载《厦门大学学报（哲学社会科学版）》2002年第1期。

〔2〕 王亚南："新经济的构成与性质"，载《王亚南文集》编委会：《王亚南文集》（第3卷），福建教育出版社1988年版，第543页。

〔3〕 陈克俭、邓子基、罗郁聪："王亚南对新中国经济的理论探索及启示"，载《厦门大学学报（哲学社会科学版）》2002年第1期。

三、王亚南对《资本论》方法的探索

王亚南除了翻译和研究《资本论》，还致力于探讨和研究《资本论》的研究方法。王亚南先后写下《〈资本论〉的方法》《再论〈资本论〉的方法》《关于〈资本论〉及其研究的目的与方法》等论文，对一些关于《资本论》的研究方法进行了分析和解读。

（一）对《资本论》的方法的判断

王亚南认为《资本论》的方法是辩证方法。1962 年，王亚南在《〈资本论〉的方法》一文中对《资本论》这一巨著的方法进行了探讨。[1]王亚南认为，关于《资本论》的方法，人们存在很多矛盾的解释，甚至连马克思本人也曾经感叹，"《资本论》的应用方法，不常为人理解"。[2]在这里，王亚南所说的"矛盾的解释"是指当时理论界关于《资本论》的方法的一些不同观点，如"批判分析法论""形而上学方法论"等观点。王亚南认为，"当马克思在第二版跋中清算了这样那样的说法，肯定地说他的方法，是辩证方法以后，资产阶级学者、修正主义者等又对他的辩证方法进行曲解，攻击反对，这本正常；但是在马克思主义者中间，也对《资本论》的方法存在争议"。[3]也就是说，王亚南认为马克思本人指出了他使用的方法是辩证方法，这受到敌对阶级的攻击实属正常，但一些马克思主义者也产生误解，则危害较大，所以，《资本论》的方法问题非常重要，实须加以澄清和辨明。王亚南认为，不论是抽象分析法，还是其他什么方法，它们只是在某种场合，处理某种问题时比较

〔1〕 王亚南："《资本论》的方法"，载《经济研究》1962 年第 12 期。
〔2〕 王亚南："《资本论》的方法"，载《经济研究》1962 年第 12 期。
〔3〕 王亚南："《资本论》的方法"，载《经济研究》1962 年第 12 期。

重要，但这些方法不是《资本论》的基本方法，"那样做实在有把我们导向忽视辩证法，忽视《资本论》精神实质的危险"。[1]王亚南通过对《资本论》和《政治经济学批判》等著作的考察，得出两个论点：第一，《资本论》总的方法是辩证方法，马克思正是基于这个方法来研究资本主义生产关系的；第二，其他的方法，只能在一定的范围，一定的场合，应对各种问题时起到辅助的作用，而且，它们的作用实现是有条件限制的。[2]

1963 年，王亚南为回应吴传启在《由抽象上升为具体是辩证的认识方法》一文中的质疑，又对《资本论》的方法进行了进一步的说明。[3]王亚南认为："《资本论》的总的方法或基本方法，不是由抽象上升到具体的逻辑方法，也不是其他什么逻辑方法，而是辩证方法。按照辩证方法的总的要求，就是要把整个资本主义社会经济运动规律或其辩证的发展关系揭示出来。"[4]从王亚南对《资本论》的方法的论述中可以看出，他始终认为《资本论》的基本方法或总的方法是辩证方法，而其他的方法则是隶属于这个总的方法，或只是在一定条件下，或特定场合下使用的方法，而不是基本方法。从王亚南对《资本论》的方法的考察中，可以看出他严谨的治学态度和追求真理的精神。

（二）对《资本论》研究目的和研究方法的分析

除了对《资本论》的方法进行论述，王亚南还对《资本论》的研究方法进行了论述。王亚南 1960 年在《中国经济问题》杂志上发表了《我们应当怎样研究"资本论"——关于"资本论"及其研究的目的与方法之三》一文。在此文中，他论

---

〔1〕 王亚南："《资本论》的方法"，载《经济研究》1962 年第 12 期。
〔2〕 王亚南："《资本论》的方法"，载《经济研究》1962 年第 12 期。
〔3〕 王亚南："再论《资本论》的方法"，载《哲学研究》1963 年第 3 期。
〔4〕 王亚南："再论《资本论》的方法"，载《哲学研究》1963 年第 3 期。

述道："这个使马克思的'资本论'和中国革命建设实践相结合的尝试本身，就要求我在研究方法上，根据下面几个原则。第一，必须全面而有重点，注意各种基本经济理论，尤其是历史唯物主义原则在基本理论方面的应用……第二，为了突出重点，联系实际，有必要采行专题研究方式……"[1]需要注意的是，这里所指的《资本论》的研究方法和前文所讲的《资本论》的方法在含义上是存在差别的。王亚南特别指出，"我们研究'资本论'的方法，和'资本论'本身的方法是不同的，后者是'资本论'作者研究分析资本主义生产方式所采用的方法"，而我们在研究《资本论》时，既需要关注作者的研究分析方法，也包括技术性和原则性的方法。[2]王亚南所讲的技术性方法，主要是如何学习《资本论》的问题，如阅读顺序，如何记笔记等；原则性方法则是方法论问题，即马克思如何利用辩证唯物主义对资本主义进行分析的方法。[3]对于技术性方法和原则性方法，王亚南认为，既要注重前者，更要注重后者。因为"在学习研究进展过程中，这两种性质的方法，显然是有联系的，但前者是比较具体的做法，它的目的只是为了满足后者的要求"。[4]

四、启示

（一）以为人民服务的精神持续研究和学习《资本论》

《资本论》是一部辉煌巨著，它以剩余价值为中心，详细剖

---

〔1〕 王亚南："我们应当怎样研究'资本论'——关于'资本论'及其研究的目的与方法之三"，载《中国经济问题》1960 年第 1 期。

〔2〕 王亚南："我们应当怎样研究'资本论'——关于'资本论'及其研究的目的与方法之三"，载《中国经济问题》1960 年第 1 期。

〔3〕 王亚南："我们应当怎样研究'资本论'——关于'资本论'及其研究的目的与方法之三"，载《中国经济问题》1960 年第 1 期。

〔4〕 王亚南："我们应当怎样研究'资本论'——关于'资本论'及其研究的目的与方法之三"，载《中国经济问题》1960 年第 1 期。

析了资本主义社会的基本矛盾和未来发展趋势。《资本论》产生于 19 世纪后半叶，当时资本主义在西方迅速发展，但相伴而生的是社会矛盾尖锐，马克思为了寻找人类社会解放的道路而创作了这一巨著。目前人类社会已经发展到了 21 世纪，与 19 世纪相比发生了很大改变。那么，伴随着人类社会的发展，《资本论》是否过时了呢？答案是否定的。《资本论》不但没有过时，而且它对资本主义基本矛盾和客观规律的描述仍然具有客观真理性。习近平总书记在纪念马克思诞辰 200 周年大会上曾经高屋建瓴地指出，"马克思的思想理论源于那个时代又超越了那个时代"。也就是说，马克思主义理论以及他的代表性著作《资本论》仍然是指导我们这个时代的重要思想，《资本论》仍然是我们当前需要认真学习和研究的对象。

王亚南从研究和学习教育学到研究和学习《资本论》，其内在的动力并不是赶时髦或者升官发财，而是救国救民和改造旧中国。郭大力和王亚南将《资本论》翻译完成以后，曾经有出版社愿意以更高的稿酬来出版《资本论》，但是他们坚持在光华书店、读书生活出版社出版发行，这些都体现了王亚南等人为国家、为民族、为人类社会进步而作研究的高尚情怀和崇高道德。纵观王亚南的学术研究生涯，他始终将研究和传播《资本论》作为其学术生涯的主要任务，并且不遗余力地将《资本论》向广大民众介绍。为了使《资本论》更容易被广大民众接受，王亚南还著述了一些关于《资本论》的通俗读本，这些通俗读本对《资本论》在中国的知识普及具有重要作用。王亚南之所以能够在研究《资本论》这一巨著中取得重要成果，主要原因是他始终能够以"人民为中心"，具有为人民服务的精神和情怀。所以，学习和研究王亚南，我们也需要以为人民服务的精神来持续研究和学习《资本论》。

如何学习与研究《资本论》呢？实际上，王亚南已经给予了我们答案和启示，学习和研究《资本论》的基本途径是要以为人民服务的心态来进行。学习和研究《资本论》必须要抱着为人民服务的心态来进行。《资本论》是揭示人类社会发展规律和追求人类社会终极解放的理论体系，如果没有崇高的学习目的和正确的学习态度来指导，势必会导致学习与研究产生偏差。其次，只有像王亚南那样以为人民服务的心态和以报效国家的志向来研究和学习《资本论》，才能学习到《资本论》的精髓，才能在新时代发展马克思主义，把马克思主义同中国经济建设的实践相结合，才能找到实现中华民族伟大复兴的正确道路。

（二）以《资本论》的理论视角分析和研究当代中国

王亚南学习和研究《资本论》并不是教条式的，也没有陷入教条主义和本本主义，而是将它的基本原理和科学体系灵活运用到中国革命和建设的实践过程中去。简言之，王亚南实际上是将马克思主义的经典著作中国化，用《资本论》的理论视角来分析他那个时代的中国，同时提出未来中国的发展方向。在一定程度上，将马克思主义的基本原理与中国的实际相结合是王亚南对《资本论》理论探索的主要特点。因此，王亚南对《资本论》理论探索对我们的重要启示还在于，在 21 世纪的今天，我们仍然需要以《资本论》的理论视角来分析和研究当代中国。

王亚南根据《资本论》的理论视角和分析方法，分析了旧中国社会性质的特征，并在此基础上论证了旧中国未来的革命发展方向。因此，当务之急是要认清我国当前的发展阶段和社会性质。

首先，我国现在处于中国特色社会主义新时代。习近平总书记在十九大报告中指出，"十八大以来，国内外形势变化和我国各项事业发展都给我们提出了一个重大时代课题，这就是必须从理论和实践结合上系统回答新时代坚持和发展什么样的中国特色社会主义……"，"围绕这个重大时代课题……形成了新时代中国特色社会主义思想"。[1]党中央关于当前我国发展阶段的判断，既是党中央根据我国发展实际所作出的正确判断，也是党中央根据马克思主义同时结合我国国情所作的正确分析。新时代中国特色社会主义意味着我国发展阶段的重大变化，即我国迎来了从站起来、富起来到强起来的伟大飞跃。我国进入新时代中国特色社会主义是中国共产党带领全国人民努力奋斗的结果。

其次，在认清我国处于新时代中国特色社会主义的国情性质基础上，要认清新时代中国特色社会主义建设，要坚持党的领导。正如王亚南所认为的，任何一个社会形态都必定有一个支配性的指导力量。在我国，新时代中国特色社会主义的领导力量就是中国共产党。中国革命和建设的实践表明，坚持中国共产党的领导是我国走向繁荣富强的重要保证，是中华民族复兴的坚强支柱。当前，我国正处于中华民族伟大复兴的关键阶段，实现这个伟大目标更需要坚持党的领导。

（三）学习王亚南对待经典文本的态度

从王亚南对《资本论》的方法以及《资本论》的研究方法的探索中可以看到，王亚南对待学术研究具有非常严谨的态度。周可在《王亚南与新中国〈资本论〉方法研究的开启》一文中这样评价道："在关于《资本论》方法的讨论中，王亚南的学术观点和思路独树一帜。他摆脱了哲学原理教科书体系的影响，

---

〔1〕 习近平：《决胜全面建成小康社会 夺取新时代中国特色社会主义伟大胜利——在中国共产党第十九次全国代表大会上的报告》，2017 年 10 月 18 日。

不仅重视经济学与哲学的互动，揭示《资本论》方法的哲学基础，还坚持从经典文本出发，对《资本论》方法进行创造性的阐释。"〔1〕也就是说，王亚南在关于《资本论》的方法以及对《资本论》的研究方法的探讨中，不仅体现了他对《资本论》经典文本认真研读，严谨负责的研究态度，而且也体现了他没有受到当时教科书体系的影响，表现出了学习研究的独立性和自主性。王亚南对待经典文本的严谨认真态度值得我们学习。

王亚南无论在其论文《〈资本论〉的方法》一文中，还是后来为回应吴传启而写的《再论〈资本论〉的方法》的文章中，对《资本论》方法的阐述，都是他在认真研究《资本论》以及马克思、恩格斯的经典文本基础上得出的结论。例如，王亚南考证马克思在《资本论》（第 1 卷·第 2 版）跋中对《资本论》方法的论述，从而论证《资本论》的方法是辩证方法。〔2〕从这段考证中，可以看出王亚南对待学术研究的科学态度。王亚南对待经典文本的态度启示我们，今天学习和研究《资本论》，仍然需要认真学习和研究马克思的《资本论》原著，同时也要学习《资本论》的方法。在学习和研究《资本论》时，我们既要重视一些技术性的方法，更要学习《资本论》的总的方法，

王亚南的独立治学精神也值得我们学习。王亚南的独立研究精神体现在他不受哲学原理教科书体系等的影响。王亚南"对《资本论》方法的研究不是照搬哲学原理教科书框架，而是建立在解读马克思、恩格斯相关文本的基础之上"。〔3〕也就是说，王亚南研究《资本论》，是在尊重原著经典文本，坚持实事

〔1〕 周可："王亚南与新中国《资本论》方法研究的开启"，载《马克思主义与现实》2019 年第 6 期。

〔2〕 王亚南："《资本论》的方法"，载《经济研究》1962 年第 12 期。

〔3〕 周可："王亚南与新中国《资本论》方法研究的开启"，载《马克思主义与现实》2019 年第 6 期。

求是基础上的研究，他不会受到当时一些学说的影响，而是坚持以独立客观的精神来研究《资本论》。这启示我们，今天学习和研究《资本论》，也要坚持注重对《资本论》原著的阅读。同时，我们也要意识到，时代在发展，我们已经进入社会主义建设的新时代，学习和研究《资本论》，必须和新时代中国特色社会主义的现实结合起来，必须和我国国情结合起来。只有这样，才能真正学习到《资本论》的精髓。

《资本论》区域经济思想对构建广东省 "一核一带一区" 区域发展新格局的启示

许家军*

摘　要：马克思的《资本论》没有明确提出区域经济理论，但其中蕴含着丰富的区域经济思想，把劳动分工作为逻辑起点，以区域经济不平衡问题及其解决作为主要内容，以资本主义制度为根本揭示，形成了比较系统的区域经济理论。当前广东省正在推进构建的"一核一带一区"区域发展新格局面临的问题与《资本论》区域经济思想高度契合，其可以成为"一核一带一区"具体实践的理论基础和依据。以《资本论》区域经济思想为指导，进而提出"一大理念，三大支撑，五大行动"的实施路径。

关键词：《资本论》；劳动地域分工；区域经济；"一核一带一区"；协调发展

　　区域经济学是从经济学角度研究区域经济发展与区域关系协调的科学，虽然《资本论》没有明确提出区域经济理论，但其作为马克思思想成熟时期的经济学代表作———一部具有哲学底蕴以及科学社会主义指向的经济学著作，蕴含着丰富的区域经济思想。本文立足于马克思劳动地域分工理论，梳理并剖析

---

　　* 许家军，韶关学院副教授，经济学博士，主要从事区域经济和产业经济研究。

《资本论》中所蕴含的区域经济思想的逻辑内容，试图从中寻找出区域经济协调发展的内在根源，为促进区域协调发展提供思路参考。

一、《资本论》区域经济思想的逻辑内容

马克思生活的时代正是资本主义工业兴盛的时代，工业革命在缔造工业文明的同时也使区域不平衡问题日益突出，于是他在分析劳动分工的基础上，将其拓展到地域空间上的劳动分工，并综合考虑制度的因素，形成了《资本论》区域经济思想的逻辑内容。

（一）劳动分工——《资本论》区域经济思想的逻辑起点

作为《资本论》逻辑起点的商品，是劳动的产物。马克思把资本主义分工与商品、货币、资本联系起来，形容分工是"政治经济学一切范畴的范畴"。对劳动分工的分析，是马克思区域经济思想的前提和基础。

马克思在《资本论》中将劳动分工划分为自然分工和社会分工，清晰地阐明了社会分工、社会内部分工以及部门内部分工的内涵。"家庭内部，随后在氏族内部，由于性别和年龄的差别，也就是在纯生理的基础上产生了一种自然的分工……不同的公社在各自的自然环境中，找到不同的生产资料和不同的生活资料。因此，它们的生产方式、生活方式和产品，也就各不相同。这种自然的差别，在公社互相接触时引起了产品的互相交换，从而使这些产品逐渐变成商品……社会分工是由原来不同而又互不依赖的生产领域之间的交换产生的。"〔1〕社会内部分工覆盖范围较广，主要指整个社会范围内的生产划分，可以

---

〔1〕 ［德］马克思：《资本论》（第 1 卷），人民出版社 2004 年版，第 407~408 页。

理解成整个社会三个产业的分工及其内部的分工。

部门内部分工是由简单协作，向工场手工业分工，进而向机器大分工发展起来的。"每一种操作分配给一个手工业者，全部操作由协作者同时进行。这种偶然的分工一再重复，显示出它特有的优越性，并渐渐地固定为系统的分工。商品从一个要完成许多种操作的独立手工业者的个人产品，转化为不断地只完成同一种局部操作的各个手工业者的联合体的社会产品。"[1]制造业（工场手工业）便是在这种分工的基础上形成的，"一方面，工场手工业在生产过程中引进了分工，或者进一步发展了分工；另一方面，它又把过去分开的手工业结合在一起"。[2]当社会内部分工发展到一定程度，制造业的内部便出现了分工，"为了使工场手工业内部的分工更完善，同一个生产部门，根据同一种原料可能具有的不同形式，而分成不同的有时是崭新的工场手工业"，[3]由此发展成为不同种制造业的结合，"在这种场合，不同的结合的工场手工业成了一个总工场手工业在空间上多少分离的部门，同时又是各有分工的、互不依赖的生产过程。结合的工场手工业虽有某些优点，但它不能在自己的基础上达到真正的技术上的统一。这种统一只有在工场手工业转化为机器生产时才能产生"。[4]

马克思认为，劳动地域分工正是社会的内部分工以及产业内部分工的产物，这一点在制造业和大工业时期尤为显著。"还有较少的手工业师傅，不过他们已不再像从前那样为个别消费者劳动，而是为手工工场和商店劳动，这样一来，往往整个城

---

〔1〕 ［德］ 马克思：《资本论》（第 1 卷），人民出版社 2004 年版，第 392 页。
〔2〕 ［德］ 马克思：《资本论》（第 1 卷），人民出版社 2004 年版，第 392 页。
〔3〕 ［德］ 马克思：《资本论》（第 1 卷），人民出版社 2004 年版，第 409 页。
〔4〕 ［德］ 马克思：《资本论》（第 1 卷），人民出版社 2004 年版，第 403 页。

市和整个地区都专门从事某种行业。"〔1〕由于各个区域的要素资源禀赋结构有所不同，逐渐出现了专门化、专业化经济的区域分工。"把特殊生产部门固定在一个国家的特殊地区的地域分工，由于利用各种特点的工场手工业生产的出现，获得了新的推动力……世界市场的扩大与殖民地制度为社会内部分工提供丰富的材料"，〔2〕于是，进一步形成了国际劳动地域分工。

在劳动地域分工基础上，由于某些地域中诸生产要素相互建立的彼此联系，《资本论》进一步阐述了区域分工与区域协作共生的必然性。其指出："一方面，协作可以扩大劳动的空间范围，因此，某些劳动过程由于劳动对象空间上的联系就需要协作；另一方面，协作可以与生产规模相比相对地在空间上缩小生产领域。在劳动的作用范围扩大的同时劳动空间范围的这种缩小，会节约非生产费用，这种缩小是由劳动者的集结、不同劳动过程的靠拢和生产资料的积聚造成的。"〔3〕劳动分工是区域分工与协作的本源所在，也是《资本论》区域经济思想的逻辑起点。

(二) 区域发展不平衡与解决——《资本论》区域经济思想的形式揭示

《资本论》从资本主义国家表现出来的区域发展不平衡状况中深刻剖析了造成这种现象的原因，认为劳动地域分工正是资本主义区域发展不平衡的直接原因。劳动的分工导致了城市与农村、工业与农业的分离和结合，"一切发达的、以商品交换为中介的分工的基础，都是城乡的分离。社会的全部经济史，都

---

〔1〕 〔德〕马克思：《资本论》（第1卷），人民出版社2004年版，第542页。

〔2〕 〔德〕马克思：《资本论》（第1卷），人民出版社2004年版，第410页。

〔3〕 〔德〕马克思：《资本论》（第1卷），人民出版社2004年版，第381~382页。

可概括为这种对立的运动"。[1]"资本主义生产使它汇集在各大中心的城市人口越来越占优势，这样一来，它一方面聚集着社会的历史动力，另一方面又破坏着人和土地之间的物质变换，也就是使人以衣食形式消费掉的土地的组成部分不能回归土地，从而破坏土地持久肥力的永恒的自然条件。这样，它同时就破坏了城市工人的身体健康和农村工人的精神生活。"[2]如果将城市和乡村视作不同的两大地域，说明各个生产部门和各类物质生产都存在于特定的空间里，生产要素也总分布在一定空间内，那么必然存在着区域经济的分工。

《资本论》进一步阐述了资本主义经济活动对区域资源和环境的巨大破坏后果，资本主义农业"也和在城市工业中一样，劳动生产力的提高和劳动量的增大是以劳动力本身的破坏和衰退为代价的。资本主义农业的任何进步……也是破坏土地肥力持久源泉的进步。一个国家……越是以大工业作为自己发展的基础，这个破坏过程就越迅速"。马克思用排泄物的概念来说明资本主义生产方式对物质循环链条的破坏。他将排泄物分为"生产排泄物"和"消费排泄物"。他认为，"对生产排泄物和消费排泄物的利用，随着资本主义生产方式的发展而扩大"，在生活中任意排放排泄物造成了污染的蔓延，造成了"在利用这种排泄物方面，资本主义经济浪费很大"。[3]过度奢侈的消费造成资源的浪费和不可持续，"奢侈消费资料只进入资本家阶级的消费，所以只能和花费的剩余价值交换"。[4]

对此，《资本论》也提出了解决区域差距问题的相应思路。

〔1〕〔德〕马克思：《资本论》（第1卷），人民出版社2004年版，第408页。

〔2〕〔德〕马克思：《资本论》（第1卷），人民出版社2004年版，第579页。

〔3〕〔德〕马克思：《资本论》（第3卷），人民出版社2004年版，第115页。

〔4〕〔德〕马克思：《资本论》（第2卷），人民出版社2004年版，第448页。

马克思在分析平均利润率规律的过程中，考察了市场竞争对区域协调发展的驱动作用。由于资本的逐利性特征，在资本等要素可以自由流动和竞争的前提下，"竞争首先是在一个部门内实现的，是使商品的各种不同的个别价值形成一个相同的市场价值和市场价格。但只有不同部门的资本的竞争，才能形成那种使不同部门之间的利润率平均化的生产价格"，[1]由于各个区域的要素资源禀赋结构有所不同，所以存在区域的比较优势。具有技术经济联系的产业部门内部的各个生产环节，必然会追求有利的优势区位，分散配置到适合其发展的空间尺度较小的不同经济区域，[2]在现实生产中会引起相邻市域及城乡之间区域利润率的平均化，产业部门内部各生产环节利润率平均化也就实现了小范围内区域经济的协调发展。在整个产业体系视野下，区域之间具有各自的资源禀赋优势，必然会促使产业部门为了实现利润最大化而在不同的区域间寻找相对优势的区位，其结果导致了不同区域之间的产业部门分工。甚至由于要素资源的趋利性特征，地区间的产业转移也随之出现。这种产业部门在区域之间的转移，可以缩小发达地区和欠发达地区之间的差距。可以看出，尽管马克思平均利润率理论并没有直接阐述利润率平均化与区域经济协调发展的关系，但由于产业部门经济活动的空间属性，使得产业部门经济活动具有了明显的区域经济特性，利润率在产业部门内和产业部门间平均化的过程，实际上也是产业所属区域利润率平均化的过程，从而实现区域经济差距缩小的过程。[3]

---

〔1〕 ［德］马克思：《资本论》（第3卷），人民出版社2004年版，第201页。

〔2〕 龚勤林："产业链空间分布及其理论阐释"，载《生产力研究》2007年第16期。

〔3〕 李士梅、李安："马克思平均利润率理论的空间维度扩展——中国区域协调发展研究的新视角"，载《河南师范大学学报（哲学社会科学版）》2019年第3期。

关于区域资源和生态环境的保护，《资本论》也提出了依托科技进步和发展循环经济的解决措施。就技术进步而言，因为"机器的改良，使那些在原有形式上本来不能利用的物质，获得一种在新的生产中可以利用的形态"。[1]马克思以化学工业为例说明循环经济"教人们把生产过程和消费过程中的废料投回到再生产过程的循环中去，从而无需预先支出资本，就能创造新的资本材料"。[2]在这里，《资本论》提出了依靠绿色发展解决区域经济问题的思想，有着丰富的生态意蕴。

（三）资本主义制度——《资本论》区域经济思想的根本揭示

《资本论》运用辩证唯物主义和历史唯物主义方法，从资本主义制度这一根本性出发分析和论证了资本主义区域发展不平衡的必然性。

劳动地域分工导致的城乡分离和城乡利益对立是资本主义发展的重要标志，同时也是资本主义空间发展不平衡的具体表征。在资本主义制度下，随着生产力的发展，乡村被卷入资本市场，农民变为农业工人，地主演变为资本家，在城乡对立中，城市在经济、政治和文化影响力各个方面占据绝对优势，乡村沦为城市发展的原料产地和劳动力供应市场，城市"无论在什么地方都毫无例外地通过它的垄断价格，它的赋税制度，它的行会，它的直接的商业诈骗和它的高利贷在经济上剥削农村"。[3]因此，在资本主义区域范围之内，同时存在着资本家对工人的剥削和城市对乡村的剥削，不可避免地伴随着阶级争斗。这两种剥削既满足了资本家生长和城市发展的欲望与要求，又切切

---

〔1〕 ［德］马克思：《资本论》（第1卷），人民出版社2004年版，第115页。

〔2〕 ［德］马克思：《资本论》（第1卷），人民出版社2004年版，第698~699页。

〔3〕 ［德］马克思：《资本论》（第3卷），人民出版社2004年版，第905页。

实实地为社会经济的发展贡献着血与汗。[1]这也就决定了城市和乡村之间的不平衡发展的历史与现实。在这里，马克思尖锐地指出了城乡对立是资本主义生产关系必然带来的结果，同时打破了社会生态的平衡。不仅如此，随着资本主义生产的扩大，需要找寻更大的商品销售市场、更大的原料产地和更多的廉价劳动力，资本产生了一种对外的扩张力，"资本一旦合并了形成财富的两个原始要素——劳动力和土地，它便获得了一种扩张的能力，这种能力使资本能把它积累的要素扩展到超出似乎是由它本身的大小所确定的范围"，[2]资本主义扩张往往会与殖民地的开拓相关，"占主要统治地位的商业资本，到处都代表着一种掠夺制度……是和暴力掠夺、海盗行径、绑架奴隶、征服殖民地直接结合在一起的"，[3]在此情势之下，势必会导致更大空间范围的国际区域发展不平衡，这也是资本主义得以不断发展的根本动力所在，这意味着最终解决资本主义区域发展不平衡必须以结束资本主义制度来实现。马克思列宁主义经典作家后来在有关著作中探讨了社会主义条件下生产力平衡布局问题，本文在这里不做进一步分析。

二、《资本论》区域经济思想对指导广东区域协调发展仍然具有适用性

为缩小地区差距，实现区域协调发展，广东省创造性地提出了构建由珠三角地区、沿海经济带、北部生态发展区构成的

---

〔1〕 王维平、张娜娜、付文军："《资本论》与马克思的时空理论"，载《南京社会科学》2016 年第 7 期。

〔2〕 ［德］马克思：《资本论》（第 1 卷），人民出版社 2004 年版，第 697 页。

〔3〕 ［德］马克思：《资本论》（第 1 卷），人民出版社 2004 年版，第 369~370 页。

"一核一带一区"区域发展新格局。[1]《资本论》的区域经济思想对指导广东区域协调发展仍然具有适用性。

（一）区域经济社会发展不平衡问题依然突出

《资本论》阐述了劳动地域分工带来的区域差异和城乡差异。由于各个区域的要素资源禀赋结构有所不同，所以存在区域的比较优势，从而导致了区域发展不平衡。

广东作为我国的经济大省和人口大省，是我国区域发展不平衡的一个缩影，全省经济发展空间高度聚集在珠三角地区，东部、西部和北部地区发展相对滞后，区域发展差距相对偏大，各区域间公共服务和生活水平差距相对过大。2018年，全省人均可支配收入最高地区（深圳市57 543元）与最低地区（云浮市19 239元）之间相差2.99倍，城镇居民人均收入相差2.48倍，农村居民人均收入相差2.31倍，人均地方一般财政收入相差21.26倍。[2]加快实现区域协调发展是广东省区域发展面临的紧迫任务，也是构建"一核一带一区"区域发展新格局的主要目标。详见下表：

广东省2017年分区域经济社会发展主要指标

指　　标		珠江三角洲	东　翼	西　翼	山　区
土地面积	（平方公里）	54 770	15 476	32 646	76 751
年末常住人口	（万人）	6150.54	1732.26	1605.2	1681
城镇人口	（万人）	5245.7	1040.57	698.66	816.54
年末就业人员	（万人）	3981.41	759.62	757.79	841.96

---

[1]　参见《中共广东省委、广东省人民政府关于构建"一核一带一区"区域发展新格局促进全省区域协调发展的意见》（粤发〔2018〕32号）。

[2]　广东省统计局、国家统计局广东调查总队编：《2019广东统计年鉴》，中国统计出版社2019年版。

续表

指　　标	珠江三角洲	东　翼	西　翼	山　区
地区生产总值　　　（亿元）	75 710.14	6202.54	7022.4	5539.75
第一产业	1181.53	455.36	1172.86	800.36
第二产业	31 542.82	3115.66	2674.7	1973.38
第三产业	42 985.8	2631.53	3174.84	2766.01
人均地区生产总值　　（元）	124 564	35 844	43 922	33 039
地区生产总值指数（上年=100）	107.9	107.2	107	105.6
人均地区生产总值指数	105.4	107.3	106.3	105
固定资产投资总额　　（亿元）	25 463.54	4844.08	3597.47	3572.87
社会消费品零售总额　（亿元）	27 318.18	3880.79	3724.98	3016.03
出口总额　　　　　（亿元）	39 982.37	1120.1	427.78	662.62
进口总额　　　　　（亿元）	25 107.96	310.97	196.13	360.93
实际外商直接投资　（亿美元）	218.11	5.08	2.02	3.86
地方一般公共预算收入（亿元）	7455.96	304.25	325.79	429.01
地方一般公共预算支出（亿元）	10 329.95	981.71	1017.27	1474.19

（数据来源：《2019 广东统计年鉴》）

（二）区域经济活动中资本对利润的追求依然存在

《资本论》深刻阐述了资本对利润的追求不断扩张，供给与需求的不匹配导致经济危机，同时也伴随区域发展不平衡的危机。在我国社会主义市场经济条件下，坚持发挥市场在资源配置中的决定性作用，经济活动依然必须遵循价值规律的要求，适应供求关系的变化，通过价格杠杆和竞争机制，把资源配置到效益最好的环节中去。也就是说，项目投资仍然带着追求利润的本性，如果不进行合理的限制和引导，区域差异可能会进一步加大，同时环境风险的累积可能会引发严重的环境问题。为此，应以《资本论》区域经济思想为指导依据，认清资本的双面性，在"一核一带一区"的投资布局中更多地从促进区域协调发展的角度来考虑。

（三）区域经济发展中资源环境压力依然严峻

由于国土生产空间长期集中于珠三角地区，珠三角地区的国土资源过度消耗，部分城市面临无地可用的困境，[1]随着工业化和城镇化进程加快，工业、服务业、能源、水利、环保等以及城市居住、基础设施、公共服务等建设用地和绿色生态用地的需求不断提高。水资源制约和大气污染问题同样比较严重，由于部分地区的过度开发，引发了森林破坏、湿地萎缩、水土流失、河流水质下降、气象灾害频发和大气污染等生态环境问题。特别是对于承担着全省生态保护、水源保护等重要功能的粤北山区，有的地方由于盲目发展工业，出现了生态环境恶化的趋势，对全省的生态安全形成了严重威胁。广东省区域发展中存在的资源制约和生态环境问题依然突出，应以《资本论》区域经济思想为指导依据，更加关注区域经济发展中资源和生态环境的综合承载力，注重绿色发展。

三、《资本论》区域经济思想指导下构建"一核一带一区"的实施路径

马克思主义理论从诞生之日起就具有解决实际问题、与时俱进的理论品质，在《资本论》区域经济思想的引导下，广东省应构建"一大理念，三大支撑，五大行动"的"一核一带一区"建设的实施路径。

（一）一大理念：区域分工协作下的区域协调发展

《资本论》的劳动地域分工理论指出，社会的内部分工以及

---

〔1〕 参见《广东省人民政府关于印发广东省主体功能区规划的通知》（粤府〔2012〕120号）。

产业内部分工也伴随着劳动的地域分工，特别强调了地域专门化生产与区域经济协作共生的必然性。新时代区域经济协调发展的核心是加快落后地区的发展，解决区域发展的差距。这就要求广东省坚定分工与协作的区域协调发展理念，以功能区引领区域协调发展。各区域结合资源环境禀赋、社会经济基础和发展潜力，充分发挥区域优势，打造地方特色产业、优势产业。在此基础上，充分发挥市场机制的作用，促进区域间相互开放，利用跨地区经济要素的互补性和互惠性，通过"产业共建"的方式使后发地区融入珠三角地区产业链，形成合理的产业分工格局，区域协作更加密切，实现各区域经济的可持续发展。并通过对后发地区进行适度支持，全面推进区域基本公共服务均等化，进一步消除区域差异的消极影响。《资本论》还强调了经济活动对资源和环境可能带来的破坏，将绿色发展理念融入区域经济发展之中也是落实区域协调发展战略的应有之义。

（二）三大支撑：以科技创新体系、提升区域开放水平和区域利益协调机制构建支撑体系

《资本论》区域经济思想强调了科技进步和循环经济在区域发展中解决资源利用和环境保护问题的作用。加快科技创新，不仅可以利用重大技术突破带动知识技术密集、物质资源消耗少、成长潜力大、综合效益好的战略性新兴产业，打造新的经济增长点，使之成为促进经济高质量发展的引领力量，而且可以利用高新技术和先进适用技术改造提升传统产业，改变过度消耗资源、污染环境的发展模式，提升产业竞争力。科技创新还具有乘数效应，可通过科技的渗透作用放大各生产要素的生产力，提高社会整体生产力水平。广东省区域协调发展要依托科技创新，实施创新驱动发展战略，提高经济增长的质量和效益，加快转变经济发展方式。

《资本论》平均利润率理论说明，由于产业部门经济活动的空间属性，部门内竞争和部门之间的竞争使得产业部门经济活动具有了明显的区域经济特性，利润率在产业部门内和产业部门间平均化的过程，实际上也是产业所属区域利润率平均化的过程，可见市场竞争对区域经济协调发展的决定性作用。因此，广东省"一核一带一区"区域发展新格局建设，要通过不断提升区域对内对外开放水平，建立统一开放、竞争有序的市场体系，改善区域整体营商环境，实现商品和生产要素的自由有序流动，满足产业分工的条件，充分利用利润率平均化过程促进区域经济协调发展。

《资本论》区域分工协作思想强调了区域分工与区域经济协作共生的必然性。均衡化的利益协调机制是区域分工协作的关键，按主体功能区实行"一核""一带""一区"差别化的区域经济政策，就需要统筹三地的利益协调机制，积极推动利益协调机制的创新与改革。加快建立健全以功能区为引领的区域发展新格局相适应的绿色生态发展约束机制、区际生态补偿机制、政绩考核机制、财政转移支付体制、投融资体制、基础设施投融资体制、基本公共服务均等化推进机制、土地管理体制和用地保障机制，通过这一系列体制机制改革，积极推动资本、劳动力、技术各生产要素在区域之间遵循市场规律自由流动，引导一批跨区域重点基础设施、重大生态工程项目、重大公共服务项目建设，使区域空间的产业布局更加合理，提升区域合作层次和水平。

（三）五大行动：以优化产业布局、优化营商环境、创新体系建设、发展平台建设和基本公共服务均等化展开实际行动

1. 优化产业布局

"一核"地区充分发挥科技创新和制造优势，大力发展高端制造、战略性新兴产业和现代服务业，利用人工智能、大数据、物联网等新兴信息技术的发展实现制造业转型升级，推进产业高端化发展，在避免"产业空心化"的基础上将部分制造业通过产业共建和产业疏解向周边布局，既可推动珠三角核心区做大做强做优，也可促进后发地区的发展。

"一带"地区作为重点开发区域，应依托现有资源承载力和沿海区位的优势，布局资本密集型的重大产业和战略性新兴产业，加快与珠三角地区高端电子信息制造产业与先进装备制造产业的联动发展，打造世界级沿海产业带。

"一区"地区充分利用资源优势和生态优势，打造绿色产业体系，依托特色农产品优势，打造现代农业产业园，实现农村一二三产业融合发展，打造粤港澳大湾区的"米袋子""菜篮子""果盘子"和旅游休闲胜地。以产业共建形式参与区域分工合作，对接珠三角地区的高端制造、智能制造和生产性服务业，发展生物医药、大数据等战略性新兴产业。

2. 优化营商环境

继续大力推进营商环境的市场化、法治化、国际化，对标高标准的国际经贸规则，优化外商投资审批服务，建立健全知识产权保护机制。全面及时落实国家税费优惠和金融支持政策，降低实体经济领域的税费负担。加快构建社会信用体系，强化政务诚信建设，厘清市场与政府的关系，深化行政审批制度改革，推动"数字政府"省市县一体化建设，提高政务服务效率，

激发市场主体活力。加快区域市场一体化建设，打破现有区域行政区划和城乡的壁垒，审查清理对区域外企业和产品设置的歧视性政策，放开竞争性环节价格，进一步完善和培育各类产权交易平台，完善市场公平竞争，促进要素在各区域之间和城乡之间自由流动。

3. 创新体系建设

优化重大创新平台布局，在"一核"地区，加快推进国家自主创新示范区建设，打造"中国硅谷"，创建国家综合性科学中心。在"一带""一区"，以省级投入为主建设实验室等科技创新平台、高新区现代农业产业园和高新技术产业示范基地。构建区域协同创新生态，强化"广州—深圳—香港—澳门"科技创新走廊的辐射带动作用，推动创新资源向"一带""一区"集聚。加快完善科技成果转化机制，支持珠三角地区与"一带""一区"共建协同创新平台、产业技术创新联盟。深化人才发展体制机制改革，实施更加积极开放有效的人才政策，促进创新人才向"一带""一区"集聚。

4. 发展平台建设

新区、开发区和特色小镇是促进"一带""一区"区域经济增长的重要平台。其一，要着力推动新区建设，加速实现新区提质增效，通过新区的产城融合发展，促进人口和产业集聚。其二，通过对各类开发区进行统筹规划、优化整合和基础设施建设，提升实现创新发展，市级开发区可以向综合性园区方向发展，县级则重点发展专业型园区，二者实现联动发展。其三，规范"一带""一区"特色小镇建设，避免"千镇一面"，强调特色小镇的创新创业生态系统，做到产业链、创新链、服务链、资金链、政策链于一体，促进"产城人文旅"有机结合，发挥特色小镇优化城市功能、促进产业升级和推动绿色发展的作用。

5. 全面推进区域基本公共服务均等化

扩大"一带""一区"优质教育资源数量和覆盖面，推动城乡义务教育优质均衡发展。结合区域产业布局，在"一带""一区"打造一批高水平职业院校和专业，适当发展和建设一批本科院校，加大对应用人才的培养力度。推进公共卫生服务均等化，逐步提高"一带""一区"医疗保险保障水平，逐步实现异地就医直接结算，提高对基本公共卫生服务经费的财政补助，加强医生队伍建设，组建跨区域医疗联合体。完善"一带""一区"城乡"文化圈""健身圈""体育圈"等公共文化体育服务设施，加强公共就业服务，扩大职业技能培训的规模，扩大各项社会保险覆盖面，提高养老金标准和社会救助标准。

《资本论》对王亚南解答
"李约瑟难题"的启示

沈新坤*

摘要：针对"李约瑟难题"所指出的中西方科学技术发展不平衡的问题，王亚南对比分析中西方政治和经济的特点，并形成《中国官僚政治研究》和《中国地主经济封建制度论纲》的一体两面的解答，而这一解答也深受《资本论》所包含的政治经济学范式的影响。本文旨在揭示在《资本论》影响下的这一解答的逻辑和实质，并对其解答进行了补充与完善。

关键词：《资本论》；王亚南；"李约瑟难题"

一、"李约瑟难题"

从字面上讲，"李约瑟难题"是指李约瑟提出的一道特殊的难题，而这道难题不是基于一般意义的数理或哲理思考，而是源于他对某种历史经验事实所产生的疑惑，以及由此提出的疑问。为此，笔者将先具体阐述"李约瑟的疑惑"或"李约瑟之问"，再剖析它为什么成了一道难题。

* 沈新坤，1974年生，男，韶关学院政法学院副教授，博士，主要从事社会工作研究。

（一）"李约瑟的疑惑"或"李约瑟之问"

在 1954 年出版的《中国科学技术史》中，李约瑟提出经典的"李约瑟之问"或"李约瑟的疑惑"：在公元 1 世纪到 15 世纪，中国的科学发明和发现遥遥领先于同时代的欧洲，可是，中国的科学为什么会长期大致停留在经验阶段，并且只有原始型和中古型的理论？欧洲在 16 世纪以后就诞生了近代科学，这种科学已被证明是形成近代世界秩序的基本因素之一，而中国文明却未能在亚洲产生相似的近代科学，其阻碍因素是什么？[1]

"李约瑟之问"源于李约瑟研究中国科学技术史时，对中西方科学技术文明程度对比发生戏剧性变化所产生的疑问。事实上，随着鸦片战争之后中国逐渐沦为半殖民地，我国一些有识之士开始意识到中西方在科学技术方面的差距，并探讨有关中西方科学技术发展失衡的原因：任鸿隽把中国无（近代）科学的主要原因归于没有使用归纳法；梁启超认为，中国人"德成而上，艺成而下"的观念因袭已久，缺乏学校、学会、报馆之类的科技组织，使科技难以传播；钱宝琮、徐模等认为，这是地理、社会、文化环境作用的结果，中国为大陆文化，人多以农业为主，太重实用，因而自然科学难以发展；冯友兰则认为，问题的关键不完全在地理、气候、经济等因素，而应重点考察中国人的价值观和哲学，并特别强调，自从汉代以后，中国人就失去了征服自然的理想并完全从外部世界撤退回来；陈立、竺可桢等认为，中国农村社会结构和封建思想使中国古代不能产生自然（近代）科学。[2]应该来说，上述各种解释虽然都包

---

〔1〕 张兴国、张兴祥："'李约瑟难题'与王亚南的中国官僚政治研究"，载《广东社会科学》2003 年第 2 期。

〔2〕 王京安、许斌："'李约瑟之谜'研究述评"，载《湖南大学学报（社会科学版）》2003 年第 4 期。

含了一定的真知灼见，但是都具有明显的片面性，缺乏完整系统的解释。

由此可见，有关中西方科学发展失衡的疑惑并非只是李约瑟首先感知，并率先提出疑问的。只不过，1954 年，李约瑟在《中国科学技术史》正式系统公布"李约瑟之问"或"李约瑟的疑惑"，将国内外学者对中西方科学比较研究推向高潮，其研究成果也日益丰富和系统化。

（二）"李约瑟之谜"或"李约瑟难题"

虽然"李约瑟之问"或"李约瑟的疑惑"是有关科学技术的问题，但是仅仅从科学技术自身的发展历史来解释为什么中西方科学技术发展不平衡问题（具体而言，就是为什么近代科学技术首先是在西方而不是中国兴起），这是远远不够的，这是因为任何国家或地区的科技活动都不是孤立存在的社会现象，它往往是与所在国家或地区的经济结构、政治体制、文化思想等因素密切相关的。[1]

正是由于导致中西方科学技术发展不平衡的因素不是只是简单的一二种，而是由数不尽的多方面因素综合作用的结果，因此任何基于自己学术背景知识所作的解答，在某种程度上都只能算是"盲人摸象"。不仅如此，任何一个国家或地区的科学技术发展不仅仅涉及经济、政治、文化等多个方面，而且还涉及各种因素的交互作用。从场域论的角度来看，"李约瑟之问"并非只是一个单纯的科技问题，其背后有着各种具体而微的情景关联。因此，要全面、详尽地解答"李约瑟之问"或"李约瑟的疑惑"，不仅要对中西方异质的经济结构、社会体制、历史传统、思想体系等因素进行简单的对比分析，还要对各种因素

---

[1]　张兴国、张兴祥："'李约瑟难题'与王亚南的中国官僚政治研究"，载《广东社会科学》2003 年第 2 期。

进行复杂的交互影响分析。通常，学者们基于自己学科背景的解释都是基于假设无其他因素影响，因此都只是基于某个角度的理想类型分析，但影响因素在现实中并不单独或孤立存在，因此这样的解释都只能给人一种似是而非的感觉。

由此可见，"李约瑟之问"或"李约瑟的疑惑"涉及各种错综复杂的原因，犹如谜一样的存在，所以人们将其称之为"李约瑟之谜"，而解答"李约瑟之问"的难度则是可想而知的，所以人们又将其称之为"李约瑟难题"。

二、王亚南的二元解答：地主经济与官僚制度

宇宙世界和人类社会都是深不可测的，但是人类并未一味奉行"不可知论"，而是不断探索其中的奥秘。同样，我们不能因为"李约瑟难题"的高度复杂性，而由此得出其"不可知"的结论，进而否定不同学者解答"李约瑟难题"的努力。虽然，不同学者从自己的学术背景所作的解答都具有某种局限性，但是它们都在某种角度上拓展和完善了我们对"李约瑟难题"的认识。

不过，虽然不同学者的解答都是有贡献的，但是它们的影响和作用却是不尽相同的，这不仅仅是因为不同学者们论证的逻辑严密性不同，更重要的是因为他们论及的影响中国科学技术发展的各种因素的作用是有大有小的。用自然科学的语言来讲，不同的影响因子的影响系数或贡献率是有大有小的。影响中国科学技术发展的因素是多种多样的，但最主要的影响因子无疑是经济和政治。王亚南对"李约瑟难题"的解答集中体现在《中国官僚政治研究》和《中国地主经济封建制度论纲》两本著作中。王亚南主要是从中国官僚制度和中国封建地主经济等两个方面探讨了阻碍中国科学发展的经济因素和政治因素，因此王亚南的解答抓住了"李约瑟难题"最主要的两个因素，由此也

得到国内外许多学者和专家的认可，其影响也是最深远的。

（一）《中国官僚政治研究》与王亚南的政治学解答

虽然王亚南是一位经济学家，但是他对"李约瑟难题"的解答却首先是从中国官僚制度的这一政治现象开始的，这与王亚南最初触摸"李约瑟难题"的情景有关。

1943 年，英国驻华使馆科学参赞李约瑟来到当时尚在广东坪石一带的中山大学，与当时中山大学经济学系教授兼系主任的王亚南作过两度长谈。临到分手的时候，李约瑟突然提出中国官僚政治这个话题，希望王亚南从历史与社会方面作扼要的解释。[1]这促成了王亚南对中国官僚政治的研究以及《中国官僚政治研究》一书的出版。

由于当时李约瑟没有说明中国官僚政治这个话题与其中国科学技术史研究的关系，而"李约瑟的疑惑"或"李约瑟之问"是在 1954 年出版的《中国科学技术史》才系统公之于众的，因此在《中国官僚政治研究》中，王亚南并没有直接回答"李约瑟之问"，也没有考虑官僚体制与科学技术发展之间的作用机制，而只是系统地研究了世界各国官僚政治的特征、社会经济基础、中国官僚政治与儒家思想及税收制度、科举制的关系及其历史变迁过程。[2]

李约瑟跟王亚南提中国官僚政治这个话题绝不是一时心血来潮，而是与他要回答自己在《中国科学技术史》一书中所提的"难题"有很大的关系。甚至可以说，研究中国的官僚政治是解开这个谜团的关键性环节。毫无疑问，王亚南所确立的研

---

〔1〕 张兴国、张兴祥："'李约瑟难题'与王亚南的中国官僚政治研究"，载《广东社会科学》2003 年第 2 期。

〔2〕 王京安、许斌："'李约瑟之谜'研究述评"，载《湖南大学学报（社会科学版）》2003 年第 4 期。

究视角，将为李约瑟提供一个极有价值的参照。[1]事实上，中国的官僚体制确实影响到了社会生活的各个方面，科学技术发展当然也包括在内。因此，王亚南的《中国官僚政治研究》只能算是对"李约瑟之问"的间接回答。要完善对"李约瑟之问"的正面回答，我们还必须从中国官僚体制与科学技术发展之间的作用机制形成过程中发现其相互关系。

(二)《中国地主经济封建制度论纲》与王亚南的经济学
　　解答

经济是社会发展的基础。李约瑟也深感社会结构和经济结构在人类社会生活中所起的重要作用，特别是它们决定了近代科学的兴起与否，所以，他曾把他所提的难题转换为社会学和经济学方面的问题："直截了当地说，无论谁要阐明中国社会未能发展近代科学，最好是从说明中国社会未能发展商业的和工业资本主义的原因着手。"[2]

同样，作为经济学家的王亚南更感受到中国封建经济对中国科学技术发展的基础性作用。因此，虽然李约瑟没有直接向王亚南追问中国经济的问题，但是王亚南还是系统研究了中国封建地主经济，并最终于1954年11月出版了《中国官僚政治研究》的姊妹篇《中国地主经济封建制度论纲》，完善了对"李约瑟之问"的解答。因此，《中国官僚政治研究》和《中国地主经济封建制度论纲》则是王亚南解答"李约瑟难题"的一体两面。

相比《中国官僚政治研究》是王亚南被迫回答之著，《中国

---

〔1〕 张兴国、张兴祥："'李约瑟难题'与王亚南的中国官僚政治研究"，载《广东社会科学》2003年第2期。

〔2〕 张兴国、张兴祥："'李约瑟难题'与王亚南的中国官僚政治研究"，载《广东社会科学》2003年第2期。

地主经济封建制度论纲》则是王亚南的主动之作，因此更能体现王亚南的解答观点。

不过有趣的是，学术界更倾向于把《中国官僚政治研究》看作是王亚南对"李约瑟难题"的经典解答，这或许是这本著作是与李约瑟直接追问王亚南"中国官僚政治"这一话题有关。

三、《资本论》对王亚南解答"李约瑟难题"的启示

毋庸讳言，王亚南解答"李约瑟难题"的思路和方法无疑受到了他在中山大学坪石办学时期参与翻译马克思的《资本论》的影响。

（一）王亚南解答"李约瑟难题"的政治经济学分析倾向

一般来说，《资本论》在中国的诠释史大致可以分为三个时期：第一个时期，从1899年《资本论》传入中国到中华人民共和国成立，可以称为"政治—经济学"诠释范式时期；第二个时期，从1949年中华人民共和国成立到党的十一届三中全会召开，可以称为"理论哲学—经济学"诠释范式时期；第三个时期，从1978年党的十一届三中全会召开一直到现在，可以称为"实践哲学—经济学"诠释范式时期。[1]

王亚南和郭大力于1938年翻译《资本论》，此时正处于我国进步知识分子对《资本论》进行"政治—经济学"诠释时期。也正因为如此，王亚南解答"李约瑟难题"，不可能不受到"政治—经济学"诠释范式的影响。这不仅体现在《中国官僚政治研究》和《中国地主经济封建制度论纲》是"政治—经济学"一体两面的解答，而且这两部著作本身渗透了"政治—经济学"诠释范式。具体来说，王亚南的《中国官僚政治研究》

---

〔1〕 张凯：《资本论》第一卷诠释史研究——以中国为范围的考察"，安徽师范大学2016年博士学位论文。

运用马克思主义的方法论，以经济结构作为研究中国官僚政治的切入点，[1]凸显了经济结构形塑官僚政治的基础性作用，并非纯粹的政治学分析，而是具有明显的政治经济学分析倾向。同样，王亚南的《中国地主经济封建制度论纲》也不是单纯的经济学分析，而是一再强调官僚政治对地主经济的反作用。换句话说，王亚南的《中国官僚政治研究》和《中国地主经济封建制度论纲》都渗透着官僚政治和地主经济相互作用的分析，只是侧重点有所不同而已。因此，只有将王亚南的《中国官僚政治研究》和《中国地主经济封建制度论纲》结合起来，才能更好地理解王亚南的政治经济学解答的真谛。

不过，需要指出的是，马克思的《资本论》是研究资本主义生产方式以及和它相适应的生产关系和交换关系的，其生产方式的典型地区是英国，属于狭义政治经济学的典范，但是《资本论》对于研究非资本主义社会的生产和交换以及产品分配的条件和形式同样具有参考、借鉴意义，这属于广义政治经济学的范畴。[2]

从广义政治经济学角度来说，王亚南的《中国官僚政治研究》和《中国地主经济封建制度论纲》是运用马克思主义政治经济学的原理和方法分析中国社会政治和经济，是中国化的《资本论》。正因为如此，蒋南平、李博、邹宇等人认为"李约瑟难题"的王亚南解答是对马克思主义经济学的重要贡献，[3]它是马克思主义政治经济学中国化的体现。

---

〔1〕 张兴国、张兴祥："'李约瑟难题'与王亚南的中国官僚政治研究"，载《广东社会科学》2003 年第 2 期。

〔2〕 卢江、葛扬："王亚南对《资本论》中蕴含的广义政治经济学思想研究及其启示"，载《经济学家》2014 年第 2 期。

〔3〕 蒋南平、李博、邹宇："李约瑟难题的王亚南解——一个马克思主义经济学的贡献"，载《当代经济研究》2012 年第 2 期。

（二）从《资本论》看王亚南政治经济学解答的实质

正如刘晓雷、谭群玉所言，作为《资本论》的译者，王亚南并非一个"我注六经"式的纯然学者，其生命历程与中国革命实践息息相关。王亚南把马克思主义政治经济学视为反帝反封建的"文化武器"，源于其对经济理论实践性的深刻体认。[1]

受《资本论》的"政治—经济学"诠释范式的影响，王亚南解答"李约瑟难题"的《中国官僚政治研究》和《中国地主经济封建制度论纲》都不是基于价值中立的政治学和经济学的纯粹学术研究，而深深打上了马克思主义政治学的革命批判的烙印。

进一步来说，在中国革命的特殊历史时期，作为一名中国先进的知识分子，王亚南解答"李约瑟难题"的两本著作——《中国官僚政治研究》和《中国地主经济封建制度论纲》，都有着鲜明的民族情怀与政治立场，都可以看作是在《资本论》基本原理指导下，为挽救民族危亡，实现民族复兴而进行革命和建设的一部分。

四、知识分子的立场与王亚南解答的二元模型的完善

王亚南解答"李约瑟难题"的两部著作——《中国官僚政治研究》和《中国地主经济封建制度论纲》，主要从宏观的角度讨论影响中西方科学技术发展的经济和政治两个因素，但是都没有从微观的角度探讨这两个因素和科学技术发展的相互作用，也就是缺乏从科技生产者，包括其所属的知识分子群体的反身性思考。

---

〔1〕 刘晓雷、谭群玉："《中国经济原论》与马克思主义政治经济学中国化"，载《现代哲学》2017 年第 6 期。

（一）王亚南解答的缺陷：缺乏对科技生产者及知识分子群体的反身性思考

受革命时期《资本论》"政治—经济学"诠释范式的影响，王亚南对"李约瑟难题"给予了经济因素和政治因素的高度重视，而对于文化因素给予的重视不够，特别缺乏对科技生产者及其所属知识分子的群体的立场分析。这体现在 1954 年李约瑟在《中国科学技术史》一书中将"李约瑟之问"系统公之于众之后，王亚南也没有直面回答"李约瑟难题"，也就是没有具体阐明经济、政治与科学技术生产与发展的作用机制或相互关系。

不言而喻，要阐明经济、政治与科学技术生产与发展的作用机制或相互关系，不可能不涉及文化因素。具体来说，就是经济、政治与科技生产者及其知识分子的文化价值取向和群体立场之间的相互作用。

当然，王亚南在《中国官僚政治研究》和《中国地主经济封建制度论纲》中也提及了儒家文化的作用。他认为，以地主经济为基础的中国封建社会，通过对经济资源、政治权力和文化意识形态的全面整合和控制，建立起"经济—政治—文化"三位一体的"超稳态"社会结构，以官僚政治为核心，通过建立"官僚—地主—商人—高利贷者"四位一体的阶级统治联盟，即在不威胁到统治秩序的前提下，保证有限度的商品经济的发展、市场的繁荣和社会阶层的流动，又使得新生力量始终不能突破既有社会生产关系的限度而陷于长期停滞。[1]

谈及对政治权力和经济利益的追逐，不可避免地会涉及人性问题。从人性的角度来看，趋乐避苦、趋利避害是人的本能性反应。一方面，为了满足欲望而获得愉快的体验，同时也是

---

[1] 蒋南平、李博、邹宇："李约瑟难题的王亚南解——一个马克思主义经济学的贡献"，载《当代经济研究》2012 年第 2 期。

为了避免欲望得不到满足而获得痛苦的体验，人就会自然而然地作出有利于自己的行为。在与他者的互动中，本能性的"利己行为"往往意味着对他者的不利，有时这种行为甚至是不择手段的，这就是他们常说的"恶"的本源。另一方面，人类的同类意识往往会促使他们在其他人处于特别不利的情景，特别是遭遇生命危险时，作出有利于同类的帮助行为，即"利他行为"，这就是人们常说的"善"的本源。[1]中西方科学技术发展不平衡，正是源于科技生产者及知识分子对人性"善"和"恶"的价值观的不同。

（二）欧美科技生产者及知识分子群体的文化立场

众所周知，欧美科技生产者及其所属的知识分子群体，普遍信仰基督教。基督教从人的趋乐避苦的本性出发，不仅强调人生而有罪，而且认为人在现世生活中难免犯罪，也就是所谓的原罪（始祖犯罪所遗留的罪性与恶根）和本罪（人生所犯的罪）之说。任由人性支配的人必然罪恶深重，就难免要在来世接受上帝的惩罚，也就是被判罚进地狱。基督教否定或忽略了人的趋乐避苦受同类意识驱使而自发向善的可能，从而认为人们也无法单独通过自我努力进入来世的天堂。在基督教的逻辑里，人们要想来世进入天堂，过快乐的生活，就必须信仰和取悦上帝。[2]欧美科技生产者及知识分子群体的这种普遍基督教信仰，对其科学技术发展带来了深刻的影响。

首先，基督教特别是经历基督教改革的新教，强调教徒要在现世勤奋工作、理性、节俭，获取尽量多的财富，以取悦上

---

[1] 沈新坤："社会工作的本源性问题探讨"，载《韶关学院学报》2018年第10期。

[2] 沈新坤："西方专业社会工作的宗教渊源"，载《东莞理工学院学报》2019年第4期。

帝,换取进入天国的门票。这与资本主义精神是一脉相承的,从而也促进了欧美科技生产者及其所属的知识分子群体(特别是经济学家)与资本主义工商业阶层结盟,成为反对封建的文化先锋。代表生产力的工商业阶层(对先进生产力诉求)和代表学习能力和反思能力的知识分子,联合起来对抗代表现存利益的传统政治(统治者)。

其次,在欧美信仰基督教的科技生产者及其所属的知识分子群体,相信现存社会秩序及事物、宇宙规律都是上帝安排的,甚至规律本身就是上帝。因此,欧美许多知识分子开始寻找社会秩序及事物、宇宙规律,以求接近上帝。

显然,欧美信仰基督教的科技生产者及其所属的知识分子群体寻找社会秩序及事物、宇宙规律,推动科学技术的发展,与资本主义工商业阶层(资本家)要提高生产力,追求超额利润又是不谋而合的。

最后,在欧美特定的宗教信仰使科技生产者及其所属的知识分子群体服膺神(上帝),而不是政治统治者,因此他(她)们在世俗社会是相对独立的,即具有独立人格。他(她)们不仅不会与政治统治者过于"亲密",相反他(她)们反对政治束缚,倡导自由。

由此可见,在欧美现代科学技术发展过程中,科技生产者及其所属的知识分子群体明显地受到了宗教信仰(主要是指基督教信仰)的影响,而且这种影响是至关重要的。

(三)中国科技生产者及知识分子群体的文化立场

在中国古代社会,科技生产者及其所属的知识分子群体并没有西方普遍的基督教信仰,而是主要受儒学思想的影响。正如《三字经》所言,"人之初,性本善"。儒学思想首先强调并彰显人性善。一般来说,人性善所生发的人道诉求包含两个方面：一是鼓励人们的"利他行为"，二是倡导人们克制"利己行为"。[1]不过，儒学思想是内敛的，更强调人的内在修养，即更注重人们要克制"利己行为"，特别是要摈弃对物质利益的计较和过度追求。正如孔子所说："君子喻于义，小人喻于利"。儒学思想将这种基于人性善的人道诉求上升为对君子人格的道德要求，并极力颂扬人们的君子品格。与之相对应，对违反者则会贴上"小人"的污名标签，使之受到人们的谩骂、指责和唾弃。

正因为如此，中国古代科技生产者及其所属的知识分子群体十分推崇"清廉无私"，不仅自己不屑于甚至羞耻于谈论经济利益和利益交换，而且对他人（特别是商人）追逐经济利益和经济交换予以鄙视和厌恶。由此可见，中国古代科技生产者及其所属的知识分子不仅不可能向欧美社会那样，与工商业阶层结盟，反而会与统治阶级一起打压他们。由此，中国传统社会的商品经济就一直被极力压制而难以发展壮大。

总而言之，中国古代科技生产者的产生主要不是源自知识分子的科学信仰，也不是源于科学技术转化生产力所带来的经济利益。这样，科学技术发展就失去可持续的动力源泉，而难以发生质的飞跃（主要是指科学技术发展的现代转型，也就是没有内在地兴起近代科学技术）。

五、结语

"李约瑟难题"在全球化日益加深的背景下，更将彰显"逆水行舟，不进则退"的道理，它应该成为中华民族永久的警示，我们需要时刻反思我国的科学技术乃至整个社会发展的阻力和动力在哪里，以便保持中国高质量发展的可持续性。

---

〔1〕 沈新坤："社会工作的本源性问题探讨"，载《韶关学院学报》2018年第10期。

烽火岁月中的坚守与传承

——中山大学法学院坪石办学法科教育探微

陈　军*

摘　要：烽火岁月中，中山大学法学院内迁坪石办学四年多，艰难困苦中坚持办学活动，培养大量优秀人才。教学上注重精专与广博的结合，学年制与学分制结合，规范课程管理，严格过程考核，注重联系社会现实；科研上学术风气比较自由，学术交流频繁；学生管理上训育管理和学生资助管理特色凸显；受进步思想影响，学生积极参加进步活动。

关键词：法科教育；教学管理；科研活动；学生管理；学生运动

抗日战争时期，以中山大学为代表的华南地区中高等院校内迁粤北等地坚持办学，烽火岁月中坚持学术理想，颠沛流离中开展教学、科研等活动，为中华人民共和国建设培养储备大量优秀人才，为今天的我们留下巨大的精神财富。

为了充分挖掘抗战时期的华南教育的历史价值与文化价值，充分弘扬爱国主义精神，2020 年广东省政府工作报告提出关于"加强文化遗产保护利用，建立粤北华南教育历史研学基地"的

* 陈军，1974 年生，男，汉族，河南固始人，韶关学院政法学院教授，法学博士。研究方向：宪法与行政法基本理论，地方法治和地方立法。

部署。2020 年 2 月，广东省政府出台了《关于深入推进粤北华南教育历史研学基地建设》（粤府办〔2020〕23 号），推动粤北华南教育历史研学基地研究，再现抗日战争时期粤北办学的鲜活的先师人物形象和感人事迹，考证了一批历史遗址遗迹，因地制宜地开展了一系列遗址保护、研究纪念、展示宣传、研学旅游等活化利用工作，推动当地文旅融合发展，助力乡村振兴，揭开了华南教育历史研学基地建设的序幕。

内迁粤北办学的诸多高等院校中，以中山大学最具有代表性。1940 年 8 月，中山大学师生在代理校长许崇清的带领下，克服重重困难，从云南澄江搬迁至粤北重镇乐昌坪石办学。在战争年代，学校办公室、宿舍、教室、实验室等，除了充分利用当地原有的寺庙、祠堂和空舍外，新建有草竹批荡房舍 88 座，分散在不同学院。迁回坪石初期，学生人数 1700 余人，到 1942 年度招生后，激增至 4100 余人，其中包括各院系本科生 3439 人，研究生 18 人，先修班学生 348 人，附中生 210 人，香港各大学、专科借读生 146 人，以及少数南洋归国学生。[1]直到 1944 年底战火逼近，再次迁校，中山大学在坪石办学四年之久，延续了中山大学的文脉，培养和毕业学子近 20 000 人。坪石办学期间，中山大学汇集了一批著名教授，他们秉承教育救国的理念，在艰难困苦中仍旧专注于教学和治学，使得学生逐年增加，水平不断提高，经受苦难岁月的洗练而茁壮成长。

法学院是中山大学的重要文科学院，是在 1924 年 4 月由广东公立法科大学改组的"广东大学法科学院"基础上成立的，下设法律、政治、经济三个学系，全称为"法科学院"。1939 年 5 月，社会学系从文学院划归法学院。自此，法学院下设四

---

〔1〕 张江明等："中山大学在坪石时期（1940—1945）的学生运动"，载《中山大学学报（哲学社会科学版）》1989 年第 4 期。

个学系：法律学系、政治学系、经济学系、社会学系。[1]本文以法学院在坪石时期的办学为考察对象，寻根、发掘中山大学坪石时期法科教育[2]为我们留下的宝贵精神财富，学习前辈的为师为学、关心国家大事、积极追求民主的精神，以期对新时代的教学、科研等活动有所启发和激励，不忘初心，牢记使命，继承和发扬中山大学法学院坪石办学期间艰苦办学、无私奉献的精神。

一、法学院概况

法学院从云南澄江迁回粤北时，最初设在乳源县属的武阳司，在武阳司修建了 19 座建筑。后来和学校一年级教育委员会对调地址，于是搬迁到坪石车田坝。法学院院舍共有 45 座，包括本部、教室、礼堂、图书分馆、经济调查处、教职员宿舍、男女生宿舍、工人宿舍、食堂等，大概可以分三个部分，一部分在山巅，一部分在山腰，一部分在山麓河岸。[3]

在坪石时期，王造时、许崇清（代理）、黄文山、钱清廉、汪洪法、王慕尊、胡体乾等先后任过法学院院长。法学院的设置基本上沿袭建制，设置有政治、经济、法律、社会四个学系，每个系设主任一人。

1942 年，由于学生人数增多，奉教育部令在法学院法律学

---

〔1〕 黄瑶等：《百年传承：中山大学法科学人（1924—1953）》，中国法制出版社 2019 年版，序第 2 页。

〔2〕 中山大学法学院肇始于广东大学法科，全程为"法科学院"，包括法律、政治、经济三系。之后，先后出现的名称有：法科学院、法科、社会科学科、法学院、政法系、法律学系、法政学院和法学院。1924 年至 1953 年的中山大学法科，并不是单一的法律学科，而是包括了法律、政治、经济三个学系以及后来的社会学系，所以，这里的法科不仅指法律学系，还包括政治、经济、社会三个学系。

〔3〕 吴定宇主编：《中山大学校史（1924—2004）》，中山大学出版社 2006 年版，第 185 页。

系下增设司法组，社会学系下增设边胞民族学组，并开始招收一年级学生。法学院实际建制上包括政治、经济、法律、社会四个学系，以及司法与边胞民族学两个组。[1]

为服务社会，学用结合，法学院当时设有各种委员会组织，如社会科学论丛季刊编辑委员会，专任编辑社会科学论丛的工作，主持该刊编辑及出版事宜；外国语委员会，以增进本院学生外国语程度及教学效率为宗旨，开会时由时任院长为主席；毕业同学服务指导委员会，成立于1942年4月，以指导毕业生解决职业上种种问题，并为国家机关推荐优秀毕业生为宗旨。[2]

同时，法学院还设有民众法律顾问处、经济调查处、政治研究室、法学院研究室、法科编译所、中国经济史研究室、法律学系的模拟法庭、政治学系的模拟议会等附属机构。

法学院在制度管理上，深受原校长邹鲁的思想影响，不仅借鉴国外办学经验，而且充分考虑结合中国国情，以办好中国的法学院。管理制度上与其他学院有不同之处，主要表现在三个方面：第一，没有采用当时最流行的学分制，而采用了学年学分混合制，以学年必修制为原则，定各系的基本科目为各系的必修课，又根据各科间的关系，依照规律，分排于各年级，仅以辅助科目和专门问题的研究为选修科目；第二，选派优秀学生到国外留学；第三，重视关于中国法律政治经济研究科目，其民众法律顾问处、经济调查处等附属机关也多关注中国经济

---

〔1〕 吴定宇主编：《中山大学校史（1924—2004）》，中山大学出版社2006年版，第185页。

〔2〕 吕雅璐主编：《抗战烽火中的中山大学》，中山大学出版社2017年版，第181页。

法律的研究。[1]

法学院既注重学习外国经验，又注重实际调查。比如，民众法律顾问处以解答民众法律事件的疑问及增进学生法律知识为宗旨，由教授任正副主任及指导，以助教兼任干事，一方面作为实践教学锻炼学生，另一方面服务民众，解决疑难法律事务，服务社会；政治研究室以研究政治科学，包括一切有关国内外的政治理论和实际问题，以期为抗战事业参政，并建立与发扬民主的政治理论体系为宗旨；经济调查处旨在调查本国经济实况，研究本国经济变迁，以了解本国社会，并聘教授作主任委员，以助教兼研究员或调查员；法学院研究室的宗旨为培植学术专才，形成优良学风，具体是在每届毕业生中选择成绩优异的若干人为本院的助教，留在研究室，选定指导教授，认真研究学科，专心研究，并严格审查其成绩，实施奖惩，目的在于造就有用的专才；中国经济史研究室的目的在于收集整理中国的经济史料，研究中国经济状况的变迁，借以阐明中国经济发展的轨迹，为中国现实社会决策者提供理论上和行动上的参考。

在坪石时期，法学院从"注重根据法治精神处理院务""注重提高学生对学问的兴趣和自动研究""积极改进学生生活的内容及方式""按照各方面的实际情形谋求院务的改进和发展"四个方面入手促进学院的发展。[2]这一时期，虽然物质艰苦，但法学院聚集了一批著名的教授、学者，他们在艰苦环境中坚持教学和科研，营造了良好的学术氛围，深受学生欢

---

[1] 吴定宇主编：《中山大学校史（1924—2004）》，中山大学出版社 2006 年版，第 104 页。

[2] 吴定宇主编：《中山大学校史（1924—2004）》，中山大学出版社 2006 年版，第 185 页。

迎。其中，包括著名经济学家王亚南、法学家梅龚彬、社会学家李达等。他们品德高尚，热爱祖国，热爱教育事业，对学校有深厚感情。以 1942 年为例，中山大学法学院教员共 49 名在编，详见下表：

	教授、副教授、讲师人数	助教人数
法学院	33	16
法律学系	8	3
政治学系	6	2
经济学系	11	7
社会学系	8	4

以 1942 年为例，中山大学法学院教员具体教员名单，[1] 详见（下表）：

院长	系别	系主任	教授	副教授	讲师	助教
汪洪法	法律学系	薛祀光	薛祀光 李浩川 曾昭琼 卢干东	张学尧 刘燕谷	余鑫如 董世芳 夏楚章	蔡若仙 黄沛榕
	政治学系	刘求南	刘求南 雷荣柯 何作霖 秦元邦	彭芳草 章导		林永玫 张学勤

---

[1] 黄瑶等：《百年传承：中山大学法科学人（1942—1953）》，中国法制出版社 2019 年版，第 266~267 页。

续表

院长	系别	系主任	教授	副教授	讲师	助教
汪洪法	经济学系	王亚南	王亚南 梅龚彬 汪洪法 梁晨 刘耀燊 李肇义	陈宜理 章振乾 朱荣羡 金根宪	陶大镛	梁宏 （兼讲师） 陈道明 李恒 郑启校 罗湘林 廖建祥 容璧（女） 王义成 谭让
	社会学系	胡体乾	胡体乾 关自恕 刘榘 胡耐安	董家遵	张泉林 梁钊韬 卓炯	尹日滔 黄德鸿 吕燕华（女） 黄朝中 朱应鸢
	不分系	丘琳 （训导分处主任） 何春帆 蔡秋农		赵承恩 吴逸之	林国棠 韩屏周 吴大基	

迁校到坪石初期，是代理校长许崇清治理学校。许崇清是我国著名教育家，他一贯作风开明，学术思想进步。其在代理校长一年期间，进步开明的措施促进了当时中山大学民主运动和学术自由风气的发展，也提高了中山大学在全国的学术地位。[1]这一时期，法学院聘请一批进步教授来校任教，如王亚南、梅龚彬等。

法学院在坪石办学期间，学生人数也有明显的增加，就拿

---

〔1〕 张江明等："中山大学在坪石时期（1940—1945）的学生运动"，载《中山大学学报（哲学社会科学版）》1989年第4期。

1942 年来说，学生人数达 733 人。[1]受战争影响，法学院的学生有相当一部分华侨学生，1942 年中山大学校内共有在读华侨学生 1078 人，中山大学法学院华侨学生达 240 人。其中，香港过来借读的学生占华侨学生总数的一半以上。而根据另一份该年度毕业于中山大学的马来西亚华侨学生名册统计可知：1942 年下学期，毕业于中山大学的马来西亚华侨学生共有 41 人，其中男生 38 人，女生 3 人。他们中年龄最小的 22 岁，最大的 29 岁，多数都是 23 岁、24 岁。绝大多数（36 人）的籍贯都是广东省，所在的学院也基本是法学院、工学院、文学院、师范学院、医学院和农学院。其中法学院最多，有 24 人。[2]

二、教学活动和管理制度

坪石办学期间，物质匮乏，生活艰苦，但广大教师能克服困难，努力从事教学活动，教学管理规范，取得了辉煌的成绩，为新中国建设培养了一大批栋梁之材。

（一）艰苦办学，注重精专与广博的结合

为提高教育质量，贯彻战时教育方针，国民政府教育部及各大学都非常重视学生教学管理工作，该时期高校课程的规范、统一的教材的编订，使各校有了统一的教学标准与内容；以学年制为基础的选修、学分制的实施，奠定了学生广博、专精的扎实学术基础；严格的考核制度形成了优良学风，极大提升了高校教学质量。[3]在重视基础学科的同时，战时各校还非常注

---

〔1〕 吴定宇主编：《中山大学校史（1924—2004）》，中山大学出版社 2006 年版，第 187 页。

〔2〕 张曙光："民国时期广东省内高校华侨学生教育状况研究 1937—1949 年"，暨南大学 2008 年硕士学位论文。

〔3〕 王延强："抗战时期高校学生管理研究——以国立大学为中心"，西南大学 2013 年博士学位论文。

重知识的广博与精专的统一，培养学生合理的知识结构，这也正是当时比较流行的通识教育理念的反映。

法学院教育重视基础学科和基础知识，作为必修课必选，注重中文、外语及其他基本学科的教授，开设有德语、日语、英语等外语课程。法学院各系必修外语，语种为德语、日语、英语三种，入学时由学生自行选定一种，但不得中途更改。必修科目严格规范，选修科目相对灵活。为保障教学质量，必修课的教师大都是教学经验丰富的老教授或系主任，年轻教师只能开设一些专题课或选修课。

教学上注重基本训练，学生大一时不过早分系，要求对于一般学术的基本训练，必须深厚，以便学生深造。理念上凸显专才，通才教育必须结合专才教育，学生毕业之后能有一技之长。规定一年级不分科，一律进行公共必修课的教学，并将自然科学列为文科生的必修科目，社会科学列为理科生的必修科目，这样文理交叉汇通，相互渗透，注重人文教育与科学教育的统一，弥补了纯文、纯理的知识缺陷，拓宽了学生的学科视野。进入高年级后，此种通识教育的理念主要表现在对专业性学术的教学与学习上，注重学生学科间知识的融会贯通及一些交叉学科的学习，从而培养学生开拓新领域的能力。[1]

法学院注重学生指导，教务行政方面推行导师制，具体办法为：由一年级学生征得指导老师同意自由认定教授 1 人为导师，各系主任为该系的当然导师，逾期未认定导师的由本院指定导师，第一导师指导的学生不超过 10 人。

---

[1]　王延强："抗战时期高校学生管理研究——以国立大学为中心"，西南大学 2013 年博士学位论文。

（二）学年制与学分制结合，必修课与选修课结合的管理
　　　制度

国民政府时期行之有效的教学管理模式是学年制与选课、
学分制的结合，即以学年制为基础，法学院各系修学年限为四
年，定为8个学期，前6个学期为前修学期，后2个学期为后修
学期。各系一年级所有课程及二年级的西洋通史、哲学概论、
科学概论等三门课为共同必修课程。法学院必修课与选修课的
结合开设情况，以法学院法律学系为例（如下表）[1]：

一年级： 必修课：党义、宪法、民法总则、刑法、法院组织法（上学期）、经济原理、政治学原理、第一外国语。选修课：哲学概论、心理学、统计学、公文程式（上学期）、第二外国语、经济原理、初级日文
二年级： 必修课：债法、行政法总论、国际公法、行政诉讼法、社会学概论、第一外国语。选修课：监狱学（下学期）、犯罪、外交史、国际政治、法医学、第二外国语、初级日文、高级日文
三年级： 必修课：亲属法（上学期）、继承法（下学期）、民事诉讼法、行政法各论、强制执行法（上学期）、国际私法（下学期）、物权法、公司法（上学期）、海商法（下学期）、第一外国语。选修课：中外条约、商事政策、刑事政策（上学期）、社会思想及社会运动、外国法研究、第二外国语、高级日文
四年级： 必修课：票据法（上学期）、保险法（下学期）、劳工法、土地法、法理学（下学期）、破产法、实习诉讼法、第一外国语。选修课：外国法研究、判例研究、罗马法、中国法制史、第二外国语 法律学系第一外国语暂定德文

---

〔1〕　吴定宇主编：《中山大学校史（1924—2004）》，中山大学出版社2006年
版，第102页。

以"学分制"为主体的必修课、选修课相结合的学习制度，又称学年学分制。所谓学年学分制，是以学年为根本，规定学生在限定年限内修完一定学分，方可毕业，二者缺一不可。根据当时法规，大学文理商农等学院各学系及法学院政治、经济、社会三学系学生四年内最少须修满 132 学分；工学院各学系及法学院法律学系学生，最少须修满 142 学分，方得毕业，且学生不得提前毕业，其聪颖勤奋者，除应修学分外，可于最后一学年选习特种科目，以资深造，并于试验及格后，由学校给予特种奖励。[1]所谓学分制，是大学各学院或独立学院各科课程，实施学分制，但学生每年所修学分须有限制，不得提早毕业（大学修学年限，医学五年或六年，余均四年），从而在实施学分制的基础上恢复了学年制，形成了具有中国高校特色的学年学分制。[2]

学年学分制是借鉴西方教育又结合中国国情的高等教育本土化探索的重要表现之一，高等教育的实质仍是学年制范畴，但又以选课制为基础，以学分为评价标准。学年学分制的实施，可发挥二者之优势，去除弊端。学年学分制度下，学分不仅是考核学生上课的评价标准，而且也是判定学生升级、留级的重要指标。而事实上，学生更迫切学习知识，所修的学分超过规定毕业要求标准的学分。直到今天，我们很多学校仍然在推行学分制，但学年适当灵活掌握了。

学年制的实施，有利于教育整体的规范化和对学生系统知识的传授，同时也可防止因学分制的泛滥而引起的学生避重就轻，教学混乱的状况，而选修课制、学分制的实行，将课程划

---

〔1〕 王延强："抗战时期高校学生管理研究——以国立大学为中心"，西南大学 2013 年博士学位论文。

〔2〕 王延强："抗战时期高校学生管理研究——以国立大学为中心"，西南大学 2013 年博士学位论文。

为必修、选修等科目，有效发挥了课程设置灵活性的特点，有利于学生知识结构的优化、拓宽，做到广博结合，合理发展，同时也可因材施教，有利于学生个性的发挥，激发学生、教师的积极性。可以说，学年学分制，既坚持了教学的计划性、系统性（规定年限，规定必修科目），又结合了选修制的灵活性，有利于各科目的相互渗透和学生自主性的发挥，历史实践亦证明了此种教学管理形式的有效性。[1]

民国时期，选课制已成为当时高等教育的共识。所谓选课制，亦称课程选修制，是指学生可根据个人兴趣、爱好对学校所开设的课程有一定的选择自由，以适合自己的学习量和学习进程。在当时的教育理念指引下，法学院各系课程分必修课和选修课两种，必修课学生必须全部学习，选修课以每学期每周讲授 1 小时为 1 学分。60 分为及格，平时成绩至少占全学期成绩的 50%，其余为期末成绩，每学期有 3 科不及格者不得升级，并将该学年有效学分作废，留级补习 1 年。在选修课制度下，学生修完必修课后，可以根据自己的爱好与兴趣，在原专业基础上选修本系或其他院系开设的课程，如此可使学生形成较为合理的知识结构，同时亦可排除对学生特长的限制，激发其学习积极性。当时中山大学中共的党组织根据大学是国家培育专才、机构的特点，指示党员在学生中号召"抗战不忘读书"，带动大家选修进步教授开设的课程，如王亚南教授的《中国经济史》《经济思想史》和《高等经济学》，李达教授的《辩证法唯物论》和《社会学》等，这些教授讲课时，教室常被挤得满满的。[2]

---

〔1〕 王延强："抗战时期高校学生管理研究——以国立大学为中心"，西南大学 2013 年博士学位论文。

〔2〕 张江明等："中山大学在坪石时期（1940—1945）的学生运动"，载《中山大学学报（哲学社会科学版）》1989 年第 4 期。

（三）规范课程管理，严格过程考核，形成优良学风

1. 规范课程管理

法学院充分考虑课程之间的相互衔接和联系，对教师担任课程采取集中分组制，使各课程之间教学互相联系，达到研究集中的效果，这样也便于学生理解和接受。改善成绩登记及选课手续，务求简单、合理，方便师生。

法学院遵从当时国民政府教育部的指示，统一课程标准和教学内容，改变了过去因各自课程不统一带来的困惑，一定程度上保障了教育质量。因为，战前各大学的教科书也基本是由各校自定，其教材选择亦无共同标准，教材内容不一，差异很大。[1]尽管抗战时期，国民政府教育部为规划大学课程标准及教学内容而施行的规范课程和编辑各科教科书的活动，因有破坏大学自由的嫌疑而一度受到一些学校的抵制，但也确实使高校有了统一的课程标准和教学内容，有利于当时国内大学的整体发展与学生修习内容的齐整。尤其在教材方面，编委会坚持高水准的原则，选用了一大批甚至具有国际影响的高质量教材，这对高校教学水平的提高无疑具有积极意义。[2]

2. 严格过程考核，形成优良学风

虽然抗战时期办学艰苦，但法学院在教学过程依然维护教学秩序，提高教学质量，严格管理。

首先，注重日常教学的考核。严格课堂出勤考查，对学生上课出勤要求极为严格，并对缺课者予以不同程度的惩处。注重平时考查，有临时考试及读书笔记抽查等，主要考查学生平

---

〔1〕 王延强："抗战时期高校学生管理研究——以国立大学为中心"，西南大学 2013 年博士学位论文。

〔2〕 王延强："抗战时期高校学生管理研究——以国立大学为中心"，西南大学 2013 年博士学位论文。

常学习的状况。

其次，实行严格的考试纪律。学业成绩考核次数多，且与升留级、退学挂钩，淘汰率高，学生补考现象亦极为普遍。

严格的教学纪律，一定程度上保障了教学质量，考核、考试等制度检验学生学习成果，激励其努力学习，一定程度上提升了学生学习的积极性，形成了抗战时期高校教育的良好学风和保障了教学质量的提升。但对于有些学生，尤其在抗战时期家境清贫，没有经济来源，吃饱饭都保障不了的情况下，在某种程度上加重了他们的负担。

（四）教学效果好，注重联系社会现实

坪石办学期间，时任校长许崇清聘请了一批进步学者来校任教，他们主张政治民主，提倡学术自由，积极开展研究和讨论。法学院是比较活跃的，法学院各系，除开设必修和选修科目，还开设了学科讲座，学生还可以根据需要与爱好听其他院系的课。

这一时期，法学院引进的几位著名教授，对学生产生了很大影响。李达教授是著名的社会学家，早年留日研习马克思主义，回国后在国内多所大学任教，著有《唯物辩证法大纲》等。他任教法学院后，负责讲授他最为擅长的马克思主义哲学，包括《辩证唯物论》和《社会学》两门课程，对学生思想产生很大影响。课堂之外，李达利用演讲和座谈时事的机会，宣传革命真理，并作出准确、独到的预测与见解。

王亚南教授是著名的经济学家，早在1920年就与郭大力合作翻译了马克思的《资本论》。1940年至1944年，王亚南教授在中山大学任教期间，运用《资本论》的基本观点，研究中国经济问题，主讲《中国经济史》《经济思想史》和《高等经济学》三门课程，深受学生的欢迎。

王亚南教授非常注重低年级的基础课，亲自教授政治经济学，对高年级专业的指导则更有针对性，对高年级学生分科指导，让学生自由参与理论经济组、实用经济组、经济史组等组，各组阅读指定参考书目，并指定助教对各组进行辅导，成效显著。

梅龚彬教授于 1942 年受聘于中山大学法学院经济学系任教授，担任《经济政策》《西洋经济史》《会计学》和《簿记学》等课程的讲授工作。他利用课堂讲学的机会，讲授马克思主义经济学的原理，深受学生的好评。他还经常为学生举办讲座或召开座谈会，分析和议论时局，解答学生关心的问题。1944 年，王亚南教授离校，梅龚彬教授接任经济学系主任的职务。1944 年 3 月，新聘来的政治学教授盛成，讲授《国际政治》《政治地理》和《中国政治思想史》三门课程，也得到学生的好评。

法学院各系各科教学，除由教师上课讲授外，同时重视学生课下的自习讨论、习作等形式，凡习做报告均应由教师按期批阅。各科教师还详细列出自习书目与其他参考资料，监督学生按时阅读、并做笔记，通过阅读、做笔记等形式，培养学生独立研究的精神。另外，除注重平时习作外，在高年级课程中，规定指导学生作学科论文，严格要求论文的质量。按照法学院毕业的规则，学生在第四学年开始时，必须提交毕业论文大纲，由系主任审核后，交指导老师。学生收集资料，认真撰写，并按规定时间提交论文。毕业论文严格要求质量，如果达不到要求的标准，必须重新撰写。

法学院课程多为社会科学，注重与社会现实联系，注重增强学生研究现实社会的兴趣，以期收到学以致用的效果。为增进各课程与现实社会的联系，学以致用，虽然条件相当差，但法学院仍然十分重视教学实习和社会教育，让广大师生走出校门，走出教室，不怕艰苦，接触社会，接触实际，开展教学实习和普及文化知识。这一时期，法学院的教学和科研活动进行了较多的实习和调查。受战争影响，活动地点主要集中在粤北、湘南、广西等周边地区，活动方式一般由教师带领高年级学生结合专业到有关单位实地考察、收集资料。

法学院各学系还经常由教师带领学生到省内外各地，对政治、经济、社会状况进行调查，以充实课堂教学内容。如政治学系应届毕业班在系主任黄中廑教授带领下，前往湘桂考察新县制实施情形、省政设施、粮食生产及出入概况，评价其制度及实施，采访湘北大捷事迹等。1942 年 4 月，法律学系应届毕业班到衡阳、桂林调查各地法院组织情况，各县政府办理司法情形和各地监狱状况。与各地法院联系，将新颁布法令告知法院、互用书面讨论，并回复民众法律顾问处，解答有关法律问题。经济学系应届毕业班组织经济考察团，1941 年 5 月到桂林、衡阳、长沙考察，经济学会与经济调查处前往乳源第二区梅花乡，进行农村经济概况及家庭经济调查。社会学系应届毕业班于 1942 年 4 月春假期间，到耒阳、衡阳和桂林等地，考察社会制度、社会建设及其他社会工作。1943 年 5 月，社会学系学生由胡耐安教授带领，前往曲江、桂头、瑶山等地考察瑶族实况。

坪石办学时期学生的考察活动统计表〔1〕

时间	学院	学生类别	组织者	考察地点	考察事项
1941 年 5 月	法学院	毕业班		桂林、衡阳、长沙	考察

---

〔1〕 吕雅璐主编：《抗战烽火中的中山大学》，中山大学出版社 2017 年版，第196 页。

时间	学院	学生类别	组织者	考察地点	考察事项
1941 年 5 月	法学院		经济学会与经济调查处	乳源第二区梅花乡	农村经济概况及家庭经济调查
1942 年 4 月	法学院	毕业班		衡阳、桂林	调查各地法院组织情况，各县政府办理司法情形和各地监狱状况
1943 年 5 月	法学院		胡耐安教授	曲江、桂头、瑶山	考察瑶族实况
1943 年 12 月	法学院	二、三年级	雷荣柯教授	桂林	考察
1942 年 4 月	法学院	毕业班		耒阳、衡阳、桂林	社会制度、社会建设及其他社会工作
1943 年寒假	法学院	四年级			
时间不详	法学院	毕业班	黄中廑教授	广西、湖南	新县制实施情况，粮食生产及出入概况、省政设施、评价其制度及实施，采访湘北大捷事迹等
时间不详	法学院	四年级	任启珊教授	衡阳、衡山、桂林、长沙等地	考察司法情形

三、科研活动管理制度

学术科研在大学中占据重要地位，中山大学也不例外。中山大学自诞生时起，学术风气便比较自由，学术交流频繁，由此推动了中山大学学术的发展与繁荣，特别是进步教授的教学活动和革命思想发挥了重要的启蒙作用。1941年11月，全校性学术刊物《中山学报》的创刊号出版。这一时期，学校有多种刊物，如《中山学报》《大同》《文学院专刊》《现代史学》《经济科学》《社会学报》《社会研究》《自然科学》《天文台》《地质集刊》《农声》《病理学》《中等教育》《中师季刊》《教育研究》《文科研究所集刊》《民俗》《中山专刊》等十余种。[1]众多刊物为师生科研论文的发表提供了平台。

在流离颠沛的抗战岁月，中山大学法学院的师生们始终坚持学术研究和读书学习，并结合时代的特点开展科研，主张政治民主、宣扬全民抗战、抨击时政、提倡学术自由。课堂教学外，法学院十分注重开展学术研究，并为学术研究开辟了园地。法学院设有社会科学论丛季刊编辑委员会，且除基础理论课外，法科专业课几全属应用学科，出版《社会科学丛书》《政治学周刊》《政治学论丛》等刊物，举办名流学者学术演讲，所撰的专著或论文也不少，教授著述颇丰。

王亚南讲授的《中国经济史》《经济思想史》和《高等经济学》深受学生喜爱和好评。其中，王亚南教授任教期间的讲课稿《高等经济学》，后来整理出版，书名为《中国经济原论》，1954年被日本"中国经济研究会"翻译为日译本，书名《半殖民地经济论》，1955年第5版发行时，改名《中国半封建半殖民地经济形态研究》。《中国半封建半殖民地经济形态研究》在国内外影响很大，该书揭示了中国半殖民地半封建经济的形成和发展过程及其研究上的一些问题，系统地阐释了中国半殖民地半封建社会中的商品、货币、资本、利息、利润、工资、地租以及经济危机等经济范畴。同时，对中国半殖民地半封建

---

〔1〕 梁山、李坚、张克谟：《中山大学校史（1924—1949）》，上海教育出版社1983年版，第111页。

经济关系下经济发展的倾向作了考察。

1942年初，王亚南教授创办《经济科学》杂志，"主旨在研究民生经济之理论与实践"。创刊号发表了王亚南的《经济科学论》、刘耀燊的《经济地理新论》、郑启校的《货币数量说检讨》、任湜的《杨朱经济思想之社会的哲学的检讨》和陈道明的《评桑巴特的〈资本主义之将来〉》等论文和评论文章，内容丰富，言论精警，极受经济学界人士之欢迎。[1]王亚南教授陆续在《经济科学》撰写《政治经济学上的人》《中国经济研究的现阶段》等论文，还在《中山学报》发表《现代经济思想演变之迹象》等，[2]都产生了积极的影响。

法学院于1942年3月29日院务会议决定，复办已停刊的《社会科学论丛》，由院长钱清廉，各系系主任王亚南、任启珊、胡体乾及有关教授共9人组成编辑委员会。为了推动法学研究进一步发展，钱清廉院长还通过院务会议决定，成立法科研究所。1942年，经学校核准，法学院政治学系设立政治研究室，供师生研究政治，提高学生研究政治兴趣并辅导学生课外活动，除探讨原理外，对现实问题进行专题研究，理论联系实际，以期合理解决现实问题。系主任黄中廑还主编了两种月刊：《新建设》和《阵中文汇》。

法学院还专门开设专门学科讲座或学术讲座，请校内外学术界名流作学术演讲，或举行座谈会，了解时局的变化，并重视社会调查以充实教学内容，成效显著。法学院中国经济史研究室和社会研究所，为提高同学对中国社会经济史的研究兴趣，

---

〔1〕 黄义祥编著：《中山大学史稿（1924—1949）》，中山大学出版社1999年版，第360页。

〔2〕 黄义祥编著：《中山大学史稿（1924—1949）》，中山大学出版社1999年版，第360页。

从 1944 年起，联合主办中国经济史讲习会，每周一次，请教授主讲。其中容肇祖讲的《管子书中的经济思想》、王亚南讲的《中国社会经济史上的法则问题》《中国社会经济演变的迹象及其轮廓》、胡体乾讲的《中国社会经济史上史料问题》，陈安仁讲的《汉代交通西域对于文化经济之影响》、朱谦之讲的《中国历代信用经济发展史》、郑师许讲的《中国历代国都经营及经济中心之迁移》、万仲文讲的《王莽与王安石的经济政策》等，[1] 在学生中产生很好的影响。

法学院还设立专题讲座或利用纪念周举办学术演讲。如 1941 年 11 月 22 日请研究院崔载阳院长演讲"教育是什么"的专题，崔院长在演讲中"对于教育目的，教育本质，教育内容，各国教育特性解释甚详"。1942 年 10 月 5 日请法学院社会学系主任胡体乾教授讲《中国民族研究方法》，10 月 12 日请经济学系主任王亚南教授讲《中国当前经济问题的总分析》，12 月 24 日请法律学系主任薛祀光教授讲《政治、人治与礼治》等。[2]

法学院学生团体学术十分活跃，如法律学系同学认为服务社会以及集体研究非常重要，特筹组建法律学会。组建法律学会受到法律学系的高度重视，法律学会于 1941 年 12 月 19 日举行成立大会，法律学系主任薛祀光教授，以及李浩川、曾昭琼、张学光等教授悉数出席。经济学会则经常举办周末讲座，如 1942 年 4 月 18 日请历史系陈国治教授讲《一个新理论体系的建立及其在经济学上之应用》。政治学会、社会学会也经常开展学术活动。法学院学生还出版了《政声》《春雷》《法螺》

---

〔1〕 黄义祥编著：《中山大学史稿（1924—1949）》，中山大学出版社 1999 年版，第 362 页。

〔2〕 黄义祥编著：《中山大学史稿（1924—1949）》，中山大学出版社 1999 年版，第 362 页。

等壁报。[1]

在坪石时期，中共党支部经常鼓励党员和学生们向学术刊物投稿，鼓励科研活动。中共党支部积极组织进步青年，通过各学会和研究会组织专门问题的学术讨论会，邀请教授、讲师参加指导。如经济学会开展"关于《资本论》的商品性质研究"，这些具有自由探讨气氛的研讨会的召开，推动了中山大学学术探索的发展。[2]

同一时期，校外的学术交流也比较活跃。比如，法学院邀请英国贾慧宜女士演讲《战时英美大学生之生活与思想》。[3]

四、学生管理制度及学生活动

学生管理是高校正常运行的重要组成部分，直接影响高校人才培养目标是否实现。学生管理制度是沟通学生与学校、学生与教师、学生与社会以及学生本身的重要规范，学生管理制度的好坏直接影响大学的正常运作。

中山大学法学院坪石办学期间时值抗战巅峰期间，学校还面临侵华日军的轰炸，学生人身安全受到威胁。受战争影响，很多学生失去家庭经济来源，生活拮据，吃饭都成问题。中山大学法学院在极其艰苦的环境下，采取积极措施，重视对学生的管理，并极力将提供生活服务和注重学生日常生活的养成教育相统一，形成了具有战时特色的学生管理制度。

---

[1] 黄义祥编著：《中山大学史稿（1924—1949）》，中山大学出版社 1999 年版，第 362 页。

[2] 张江明等："中山大学在坪石时期（1940—1945）的学生运动"，载《中山大学学报（哲学社会科学版）》1989 年第 4 期。

[3] 吴定宇主编：《中山大学校史（1924—2004）》，中山大学出版社 2006 年版，第 209 页。

（一）抗战时期高校学生训育管理

高校学生训育管理是抗战期间学生管理的一大特色。国民政府对学生思想政治及道德教育较为重视，以"培养学生品格"为目的的训育在战时高校得以重视和加强。当时所谓的训育标准主要由两大部分组成：一是以"三民主义"为核心的意识形态体系；二是以传统道德为主要内容的道德教育体系。[1]1939年，国民政府教育部颁布了《大学行政组织补充要点》《专科以上学校训导处分组规则》。《大学行政组织补充要点》规定全国高校设立训导处，正式将训导处与教务处、总务处列为大学三大行政机构；《专科以上学校训导处分组规则》规定大学训导处分为生活指导、军事管理（后改为课外活动）、体育卫生三组。

训导机构的设立，使训育工作由原来的教务附属事宜变为与教学同等重要的高校事务，训育的地位在高校亦得到前所未有的提高。训育标准的制定、学校训育组织机构的成立及完善、训导人员的遴选，使训育制度最终确立并进一步强化。抗战时期，训育制度最终确立，并形成了由训导处主持，以入学教育、课程教学、导师制、情景教育及党团活动为主要内容的训导网络。其实施，对战时高校学生道德品质、民族精神的培养与凝聚发挥了重要作用，在一定程度上克服了战前高校"重智育、轻德育"的局面，弥补了大学教育之不足。同时也不可否认，该时期因国民政府与高校训育理念的差异及实践，导致了训育功能的异化，影响了其效果的正常发挥。[2]训育制度是利弊共存的，应该说，战时训育制度的形成及其实施，通过入学教育、

---

〔1〕 王延强："抗战时期高校学生管理研究——以国立大学为中心"，西南大学 2013 年博士学位论文。

〔2〕 王延强："抗战时期高校学生管理研究——以国立大学为中心"，西南大学 2013 年博士学位论文。

课堂教学、导师制、党团活动、情景教育及举办各种竞赛等方式，加强训育管理与教学，这些措施无疑在一定程度上培养了抗战时期学生的爱国主义精神，提升了民众的民族自尊心与自信心，凝聚了民族力量。但同时，为维护自身统治的政治需要，该时期的高校训育，亦成了国民党实施党化教育的工具，具有明显的双重性。[1]

（二）抗战时期学生资助管理

中山大学法学院迁至坪石后，环境相对稳定，但坪石偏僻落后，生活艰苦困顿。中山大学在坪石时期的学生主要来自广东本省和湖南、广西等省，他们大多数亲历过颠沛流离的逃难生活。由于战争的阻隔，许多学生失去了海外或内地家庭的接济，靠学校有限的学生贷金维持生活。[2]特别是太平洋战争爆发后，战争面迅速扩大，物资短缺，物价飞涨。很多学生因为战争影响，导致家里的经济来源断绝，生活极端艰苦，加之学业繁重，在饥饿和营养不良中勉强完成学业。很多学生生活清苦，甚至营养不足，对身体健康影响很大。学校经费困难，爱莫能助，无力承担和垫付伙食费用。加之，国民政府官吏横征暴敛，奸商囤积居奇，致使各地粮价暴涨，中山大学师生的吃饭问题受到严重威胁。当时，法学院师生集会推举进步学生李士铮等五名代表（内有教职员代表两名）向学校请愿，要求提高生活待遇。

在高校呼吁和广大大学生的请愿声中，国民政府教育部认为学生营养不足会严重影响健康，遂对申请救济的学生增加贷金以提高其生活水平，贷金制开始在大后方及沦陷区租界内的公

---

〔1〕 王延强："抗战时期高校学生管理研究——以国立大学为中心"，西南大学 2013 年博士学位论文。

〔2〕 张江明等："中山大学在坪石时期（1940—1945）的学生运动"，载《中山大学学报（哲学社会科学版）》1989 年第 4 期。

立高校全面实施。但因为战争，申请救济的学生众多，而实际可救济的名额又有限，于是国民政府教育部相继颁布了《全国专科以上学校战区学生贷金偿还办法》（1940年5月）《国立中等以上学校学生贷金暂行规则》（1941年7月）等法规，使贷金制度进一步充实、完善。国民政府教育部将贷金额数酌予增加并将贷金分为三种：①膳食贷金，分半膳和全膳两种，其数额视各地生活费之高低，教育部分别规定之；②零用贷金；③特别贷金（分服装、书籍两项）。

教育部关于学生贷金的法令颁布以后，各高校大都按照教育部制定的办法实施，同时也根据本校实际情况，酌予变更，制定更为细致的实施办法。各高校设立的"公费""免费"名额大都符合国民政府教育部的要求，有的还根据本校实际情况酌量增加了名额。1940年，教育部规定：凡请求贷金的战区生，除平时及寒暑假应照学校一般规定，履行劳动服务外，平时每周至少有3小时为学校服务，每周服务时间如超过3小时的，由学校酌给酬金。

1940年，物价飞涨，贷金及公费是战时完全由政府主持的学生资助方式，也是该时期规模最大、覆盖面最广的资助形式。据统计，战时专科以上学校学生获得此种贷金或公费者，每年常在5万至7万人，占当时在校学生总数的80%。此后，面对战时严重的贫寒学生求学问题，各级政府与各高校分别制定了救济贫寒学生求学的地方法规和学校规程，积极以"免费""公费"名额的形式救济贫寒学生。

事实上，由于战时物价飞涨、国内经济状况恶化，在通货膨胀严重的情况下，贷金的归还遇到很大问题，毕业学生即使偿还亦几乎等于不还。自1943年起，教育部干脆于新生中停止了贷金制的实施，将之改为公费，其偿还问题亦随之不了了之。

1943 年 8 月，教育部公布了《非常时期国立中等以上学校及省私立专科以上学校规定公费生办法》，规定自该年度起，各校新生一律不适用于贷金制而改为公费，公费制度开始形成，但该办法规定工科生全部享受甲种公费、理科生 80% 享受乙种公费，而文、法、商学院只有 40% 的学生享受公费。这种公费待遇的差异反映出国民政府教育部力倡"实用科学"，限制文科发展的办学心态。由于限制文科招生，文科学生的比重明显下降。

贷金和公费制度为众多家境贫寒的学生提供了接受教育的机会，使他们能够通过自己的努力，依靠政府或学校提供的"免费""公费"名额接受教育，将近代以来高等教育贵族化的倾向打破，改变了抗战以前的大学生几乎全部来自于中产以上的富裕家庭的局面。贷金和公费制度为出身贫苦家庭的学生顺利完成学业提供了巨大的经济支持，否则，他们完成学业几乎不可能。贷金和公费制度也为战时高校的正常运行提供了支持，战时高校学生救济使我国高等教育不但没有因战争中断，而且极大地得到了发展。这一时期，高校发展迅速，学生人数激增，但因教育经费特别是高等教育经费的缺少，救济经费难以筹集，各高校在救济学生的过程中往往力不从心。战时高校学生救济的实际效果十分有限，救济的质量较低。

除了贷金和公费制度，为救济大批经济来源断绝的经济困难学生，国民政府教育部还采取了一系列措施，整合各方资源，政府、学校及社会各界均积极参与学生救助，努力实施教育救助，并逐步形成了由贷金制、公费免费、奖学金、勤工助学及其他辅助方式组成的学生经济资助网络体系，在尽量扩大受助面的基础上，为战时学生求学提供了最低生活保障，最大限度地解决了他们的后顾之忧。该时期的学生经济资助，为战时教育方针的贯彻、战时高校教学秩序的维持及高校优秀人才的培养提供了经济支持，同时，其在实施过程中的成功经验与所出现的问题也为后世提供了借鉴与启示。

同时，战时各省也纷纷设立奖学金奖励、资助本省学生完成学业。1940 年，广东省颁布实施了《补助专科以上学校战区——粤籍学生贷金章程》，由省教育厅指发贷金总额 3 万元，定每月每名 8 元。贷金名额分配于中山大学 100 名。

五、党组织领导下的进步运动

在坪石的四年多时间里，中国共产党领导学生运动大致可分为两个阶段：从 1940 年秋定址坪石，到 1942 年上半年为第一阶段；从 1942 年下半年中共广东粤北省委被破坏，到 1945 年初中山大学迁离坪石为第二阶段。[1] 第一阶段运动的主要内容是：继续开展抗日救亡运动，同国民党反动势力斗争，维护学术自由，争取改善学生生活，发展进步力量。第二个阶段，中山大学的学生运动条件发生了变化。1942 年 5 月，中共广东粤北省委被破坏。为了保存力量，中共中央南方局指示国民党统治区党组织暂时停止活动，已暴露的党员撤退到游击区；未暴露的党员隐蔽下来，实行"三勤"（勤学、勤业、勤交友），保持思想联系。

1940 年，中山大学迁回坪石后，处于地下状态的中共广东粤北省委十分重视这所具有光荣革命传统的学府。韶关当时是战时广东省会，而坪石中山大学在抗战时期是粤北青年运动的中心，在党的地下组织的领导下，法学院和文学院的学生运动积极开展。受进步思想的影响，青年学生积极参与反对日本侵华的宣传，组织民主运动，反对反动势力，爱国爱民，追求

---

〔1〕 梁山、李坚、张克谟：《中山大学校史（1924—1949）》，上海教育出版社 1983 年版，第 113 页。

进步。

中共粤北省委书记季大林亲自领导省委青年部并通过青年部领导中山大学党组织的工作。[1]当时许多党员是经过地方工作锻炼的，政治素质较高，而省委青年部又能发扬民主，自上而下地倾听党员的建议，充分发挥每个党员的特长和社会关系的作用，保证了党内的团结和工作任务的完成。省委还把原任特委青年部部长、连阳中心县委书记张江明调到省委青年部任副部长，专职负责中山大学和几所高等学校与重点中学的地下党工作。张江明常驻坪石，直接与各学院支书联系，统一和协调全校性工作和斗争。省委决定在中山大学不建立全校性的总支或党委，而在各学院分别单独建立支部，支委分工联系党员。当时法学院支书、支委成员有林之纯、罗培元、罗湘林、黄若潮（后成立两个支部），[2]直接受中共广东省委领导，由省委青年部副部长张江明负责联系。

1941年3月，张江明到中山大学后，将中山大学学生共产党员多线领导集中起来，成立各学院党支部，由他直接与各支部的支委联系。各支部的主要工作是：宣传我党的抗日主张，提倡政治民主，关心同学的生活。对于学校搞起来的运动，主张"不制造斗争，适可而止"。[3]学生中的党员主要是集中精力学好功课，有别于校外搞群众运动，而是通过研究学术和乐于助人去团结同学，不断发展和壮大自己。

党组织还专门布置党员学生向教授请教学术上的问题，交

〔1〕 张江明等："中山大学在坪石时期（1940—1945）的学生运动"，载《中山大学学报（哲学社会科学版）》1989年第4期。

〔2〕 吴逸民："关于《中山大学在坪石时期的学生运动》一文的几个问题"，载《中山大学学报（哲学社会科学版）》1990年第3期。

〔3〕 吴逸民："关于《中山大学在坪石时期的学生运动》一文的几个问题"，载《中山大学学报（哲学社会科学版）》1990年第3期。

流对时局的看法，争取他们支持学生爱国民主运动。坪石地处山区，交通不便，教授生活艰苦，党员和进步学生时常帮助他们做些家庭生活琐事，由此建立起深厚的师生感情。不少教授不仅向学生热情传授专业知识、传授进步思想，而且在历次爱国民主运动中，敢于挺身而出，和进步学生站在一起。如梅龚彬、石兆棠教授与党员学生在政治上结成患难之交，王亚南教授不顾国民党顽固派的流言蜚语，与学生共同研究马克思主义经济学说，培养了一批进步学生。李达教授运用马克思主义经济学理论讲授经济学课程，传播马克思主义，为学生打开了一个全新的视角。

特别需要指出的是，梅龚彬于 1925 年加入中国共产党，参加过"五卅"运动等，一直是隐藏在地下工作的中共党员。梅龚彬非常关怀和爱护学生，热衷启蒙学生进步。1944 年，在日军逼近坪石的情势下，作为经济学系主任，梅龚彬召开座谈会，并做发言，安定师生情绪和有秩序地组织疏散，在一定程度上消除了师生的恐惧，发言讲稿后来被发表在赣南《正气日报》上。[1]

1944 年 1 月，中共广东临时工作委员会派张江明回粤北了解情况，准备恢复党组织。但 1944 年 5、6 月，日本侵略军为了打通粤汉线，从河南直下湖南，长沙、衡山相继失守，坪石危急，中山大学再次面临搬迁。在此情况下，中山大学提前考试，准备疏散。中山大学各学院原党支部负责人考虑到，若学校疏散，几年来党积蓄起来的力量必将分散，应该联系党员和进步学生隐蔽下来。中共地下组织于同年七八月间先后动员、组织几批法科学生到东江纵队去。

---

〔1〕 黄瑶等：《百年传承：中山大学法科学人（1924—1953）》，中国法制出版社 2019 年版，第 210 页。

法学院的汪应昌、关海、欧阳波等决定分头通知党员串连进步学生到东江纵队去。为避免国民政府的阻挠破坏，学生们决定分批走不同的路线到东江纵队去。1944 年 6 月 13 日，第一批以黄杰文为首的文、法学院和附中一部分学生作先头部队，另一批到东江纵队去的中山大学和广东省立文理学院、粤秀中学等校学生约 60 人，其中有陈婉芳、李雪英、梁耀端等十余位女学生，由中山大学法学院的彭丰任队长。[1] 当时中山大学的党员和进步学生接到党组织的通知，无一例外地都按照党组织的要求去了去东江纵队，彰显了大无畏的革命精神，中山大学法学院的进步学生表现尤为突出。

中共地下党组织除了领导学生运动，还积极支持和发展学生社团组织。特别是，1942 年 11 月，在党被迫停止组织活动后，党员按照党中央坚持"三勤"活动的指示，实行勤学、勤业、勤交友，继续发展多种形式的社团组织，团结广大师生、员工，支持和拥护党的抗日、团结、进步的主张。既团结一切可以团结的力量，共同抗日，又有理、有力、有节地与顽固派作斗争，从而取得了成效。

当时中山大学有许多形形色色的社团组织，每系有专业性质的学会或研究会，如经济、政治、社会、法律、教育、历史等学会，每个学院有一个女同学会。学生们通过社团组织同国民政府的消极抗日、压制民主、贪污腐败，以及校内顽固派的倒行逆施，积极做斗争。比如，法学院学生，通过读书会、社团和墙报等的活动，抨击社会黑暗，揭露国民党统治的腐败，传播抗日、民主、革命的思想，如"春雷壁报社"针对 CC 派想把一个马歇尔学派的信徒请来中山大学任法学院院长兼经济学系

---

〔1〕 张江明等："中山大学在坪石时期（1940—1945）的学生运动"，载《中山大学学报（哲学社会科学版）》1989 年第 4 期。

主任，把王亚南教授赶走的企图，在壁报上发表了几篇批评马歇尔学派的文章，结果，这个教授来院不到两个月就溜走了。[1]学生社团组织，虽因政治原因曾遭受压制，但总体看来还是获得了很大发展，并开展了各项校内及社会活动，从而丰富了学生的课余生活，促进了良好学习风气的养成，锻炼了学生的自治能力，激发了学生的社会责任感。

地下党组织还通过社团组织引导进步学生积极参加社会服务活动，通过开展宣传、农事指导、卫生指导、辅助生产等活动，对当时坪石的社会精神面貌、社会生产的增进及社会风气的改进起到了积极的促进作用，也锻炼了学生，让他们真正认识到社会现状，并引发了他们对各种社会问题的关注与思考。

---

[1] 梁山、李坚、张克谟：《中山大学校史（1924—1949）》，上海教育出版社 1983 年版，第 116 页。

坪石先生王亚南《中国经济原论》带来的启示

赵　丽[*]

摘　要：王亚南先生是我国著名的马克思主义经济学家，也是一位学贯中西、颇有成就的翻译家和教育家。抗日战争时期，王亚南先生曾在迁至粤北坪石办学的中山大学任教，《中国经济原论》的初稿就是他在坪石中山大学任教期间孕育形成的，该稿件既是他将《资本论》带进课堂、写入教材的具体体现，也是其学术思想发生质的飞跃的一个代表性成果。《中国经济原论》运用马克思《资本论》的结构体系、范畴、规律分析研究近代中国的社会经济形态，其所使用的研究方法、所包含的研究思想都给我们今天的教学与研究带来了重要启示。

关键词：王亚南；《中国经济原论》；《资本论》；粤北；坪石镇

随着"华南教育历史研学基地（坪石）"在乐昌坪石镇的正式挂牌，广东省活化内迁高等院校的遗址、遗迹工作也掀起了新的高潮，调研、考证、研学交流等一系列切实可行的实践活动无不吸引我们去追寻华南教育的历史。一段时间以来，笔者浏览了一些中山大学坪石办学的相关信息资料，不仅对发生

---

* 赵丽，1963 年生，女，副教授，主要从事区域经济发展研究。

于抗日战争时期的中国大学内迁有了更多的了解，也对近些年来名不见经传的粤北边城小镇——坪石的文化教育发展的历史有了新的认识。相关报道显示：在抗日战争的烽火岁月中，中山大学曾经外迁办学 7 年，其中驻留粤北坪石镇的时间长达四年之久，累计培养学子将近 2 万人，[1]为培养人才、延续中国的教育事业发挥了重要作用。这是一段值得追忆和铭记的办学历史，理当在"学术抗战"史上留下浓重的一笔。因为它不仅承续了中山大学的文脉，而且奠定了粤北教育事业发展的基础，对粤北地区经济、社会、文化、教育的发展产生了积极影响。在了解那段沉重而又充满激情的中山大学坪石办学历史的同时，笔者重温了马克思主义政治经济学中国化的经典著作——《中国经济原论》，[2]对将《资本论》带进课堂、写入教材的著名经济学家王亚南先生的学术成果有了进一步的认识和理解，亦从中获得了不少重要的启示与启发。

一、王亚南先生及其《中国经济原论》与粤北坪石镇的渊源

王亚南先生是我国著名的马克思主义经济学家，也是一位学贯中西、富有成就的翻译家和教育家。他一生翻译和著述了 40 余部书，发表论文 300 余篇。[3]主要的译作有《资本论》《国富论》《政治经济学及赋税原理》等，主要的著作有《经济

---

〔1〕 张文："抗战期间中山大学曾迁到粤北四年 遭日军攻击死伤惨重"，载《羊城晚报》2014 年 7 月 7 日。

〔2〕 王亚南所著《中国经济原论》于 1946 年出版，1957 年增订重版时更名为《中国半封建半殖民地经济形态研究》。

〔3〕 陈永志、郭其友："纪念王亚南诞辰 100 周年学术研讨会综述"，载《经济研究》2001 年第 12 期。

学史》《经济科学论丛》《中国经济论丛》《社会科学论纲》《中国经济原论》《中国社会经济改造问题研究》《中国官僚政治研究》《中国地主经济封建制度论纲》《"资本论"研究》等。1938年出版的《资本论》全译本是他与郭大力先生合作完成的译作之一。为了翻译马克思这部体大精深的辉煌巨著，王亚南先生和郭大力先生从翻译古典经济学的经典之作入手，如亚当·斯密的《国富论》、里嘉图的《经济学及赋税之原理》等，还翻译了乃特等人的《欧洲经济史》等反映资本主义经济的著作，作为翻译《资本论》三大卷的学术准备。扎实积累的学术基础最终成就了《资本论》三大卷的翻译和出版，这一创举为马克思主义政治经济学在中国的传播作出了重大贡献，被誉为马克思主义政治经济学在中国系统传播的里程碑。

作为一位颇具影响力的马克思主义经济学家，王亚南先生将其毕生精力都贡献在了翻译、研究、传播、应用《资本论》上面。他的代表性著作《中国经济原论》运用马克思主义基本原理和方法研究了近代中国半封建半殖民地经济形态，揭示了半封建半殖民地经济形态的运动规律。该著作有"中国式的《资本论》"之誉，在中国政治经济学史上具有开创性的里程碑意义，至今仍被视作是应用《资本论》来研究中国经济问题比较成功的专著。[1]因其对马克思主义政治经济学发展的巨大学术贡献，《中国经济原论》于1998年入选了"影响新中国经济建设的10本经济学著作"之一。[2]这也是入选著作中唯一一本在中华人民共和国成立之前出版的、研究近代中国社会经济形态及其运动规律的著作。

---

〔1〕 陈克俭、甘民重："《资本论》与王亚南的中国半封建半殖民地经济研究"，载《厦门大学学报（哲学社会科学版）》1983年第1期。
〔2〕 参见王亚南：《中国经济原论》，广东经济出版社1998年版。

梳理《中国经济原论》问世的前因后果，可以发现王亚南先生这部重要的学术著作的诞生与粤北坪石镇、与坪石中山大学有着密切的渊源。这部马克思主义政治经济学中国化的得力之作能够在战火纷飞的艰难岁月中孕育形成，从一定程度上说，离不开王亚南先生身体力行的教学与研究的实践，也离不开坪石山水的养育贡献。《中国经济原论》的正式出版是在 1946 年，而其中所包含的经济思想则是在 1940 年以后，亦即王亚南先生到了坪石中山大学以后，建立发展起来的。正如王亚南先生自己所说，此前"虽然出版了一些有关经济学方面的东西，但用我自己的思想、自己的文句、自己的写作方法，建立起我自己的理论体系……却显然是到了中大以后开始的"。[1]这段话道出了王亚南先生建立自己的经济学理论体系的开端，实际上也是他将《资本论》带入课堂、写入教材的实践的开端，从中我们也能体会到《中国经济原论》与坪石中山大学结下的不解之缘。根据相关史料的记载可以得知，在抗日战争的烽火岁月中，中山大学曾于 1940 年至 1944 年迁至粤北坪石镇办学，彼时王亚南先生恰好受聘于中山大学法学院，担任经济学教授，兼任经济学系主任。之所以称王亚南为坪石先生，就是缘于他在坪石中山大学的这段任教经历。

　　粤北坪石镇，这是王亚南先生作为教授登上大学讲台的第一站，实际上也是《资本论》的第一讲坛。在这里，王亚南先生由经济学家转变为大学教授，以崭新的姿态宣讲马克思主义政治经济学。他运用马克思主义经济学原理分析研究近代中国社会的经济形态，通过对商品、货币、资本、利息、利润、工资、地租以及城市、乡村、工业、农业、商业的系统考察，论

----

〔1〕　出自王亚南先生"致中山大学经济学系同学一封公开信"，本文转引自甘民重、林其泉："王亚南传略"，载《党史资料与研究》1987 年第 4 期。

证了中国社会的非资本主义性，说明那些具有资本外观的经济形态，比如雇佣劳动形态、商业资本形态等，在本质上都是近代中国封建经济的特殊性格的具体表现。而《中国经济原论》正是这种考察、分析的一个重要成果，它向世人表明，当时的中国经济，既不是纯粹的封建主义经济，也不是纯粹的资本主义经济，既不是完全独立的民族经济，也不是完全的殖民地经济，而是各种经济关系交错在一起的半封建半殖民地的经济形态。[1] 在王亚南先生看来，中国半封建半殖民地经济绝大部分是落后的小商品生产，其中小农经济占压倒性的优势，工场手工业具有前资本主义的性质，难以向机器大工业过渡，农村商品货币经济成分的增加不是生产方式革命的结果，而只是买办性的交换方式扩大的结果，是舶来品和农产物被强制变成商品的结果。[2] 这种半封建半殖民地经济为封建土地关系所支配，封建土地关系因此成为近代中国社会祸害的总根源，于是王亚南先生发出感慨，"我们现代化途中的无穷无尽的坎坷，归根到底殆莫不有封建的土地制度问题横梗于其中"。[3] 王亚南先生认为，在近代中国半封建半殖民地经济中，买办商业资本是各种经济关系的枢纽，[4] 由于商业支配产业，商业利润高过产业利润，利润受制于利息的法则，[5] 使得买办商业资本"不为中国工业服务，却在牺牲本国工业的条件下，为外国工业服务"。[6] 中国半封建半殖民地社会经济结构决定了官僚资本的形成，它

---

〔1〕 周元良、胡培兆："王亚南传略"，载《晋阳学刊》1980 年第 3 期。

〔2〕 王亚南：《中国经济原论》，广东经济出版社 1998 年版，第 58~65 页。

〔3〕 王亚南：《中国经济原论》，广东经济出版社 1998 年版，第 284 页。

〔4〕 陈克俭、甘民重："王亚南经济思想初探（中）"，载《厦门大学学报（哲学社会科学版）》1981 年第 2 期。

〔5〕 王亚南：《中国经济原论》，广东经济出版社 1998 年版，第 397 页。

〔6〕 王亚南：《中国经济原论》，广东经济出版社 1998 年版，第 373 页。

是畸形的银行资本和买办商业资本的结合，给民营资本带来致命打击，成为半封建半殖民地社会经济问题的症结所在，关于这一点，王亚南先生是这样描述的，"其所以成为众矢之的，乃在它自始至终，都必然招致祸国殃民和妨碍社会经济发达的不利影响"，[1]官僚资本"依种种独占，妨碍一般民间产业的发展，妨碍一般经营技术的改善，而又由其化作政治手段而不时引起整个经济上的混乱与脱节的破坏影响，其结果，全国产业将愈来愈变成遍身瘫痪不遂的状态"。[2]在前述种种分析的基础上，王亚南先生进一步考察研究了近代中国社会的积累规律和经济恐慌形态，指出半封建半殖民地的积累规律以及经济恐慌的特质决定了它必然崩溃的命运，[3]他说，"恐慌是现代中国经济内部诸关系相互作用的结果，战乱在某种程度上，是恐慌直接间接造成的结果"，[4]"如其我们社会的原来的生产关系，不曾由生产方式的变革而一般地改善和提高，则我们上面分析研究的诸般经济原理和法则，便会继续作用着，继续使我们陷在慢性的愈来愈益深沉的恐慌困厄中"。[5]

由此可见，在坪石中山大学这个讲坛里，王亚南先生以马克思主义经济学原理为指导、以近代中国社会经济为对象展开研究，孕育创作了他的代表性著作《中国经济原论》。著作构思独特，一以贯之，自成体系，清晰地为读者刻画了近代中国半封建半殖民地经济的本来面目。这不仅是对马克思主义政治经济学中国化的重大贡献，而且也是经济学教学、经济问题研究

---

〔1〕 王亚南：《中国经济原论》，广东经济出版社 1998 年版，第 370 页。

〔2〕 王亚南：《中国经济原论》，广东经济出版社 1998 年版，第 402 页。

〔3〕 陈克俭、甘共重："王亚南经济思想初探（下）"，载《厦门大学学报（哲学社会科学版）》1981 年第 3 期。

〔4〕 王亚南：《中国经济原论》，广东经济出版社 1998 年版，第 79 页。

〔5〕 王亚南：《中国经济原论》，广东经济出版社 1998 年版，第 79 页。

的重要指引。

二、教学与科研相结合是课堂教学生命力的源泉

在坪石中山大学法学院任教期间，王亚南先生讲授的是经济学系的课程，具体包括《经济思想史》《中国经济史》《经济学》《高等经济学》等，《中国经济原论》实际上就是他当时开设的《高等经济学》课程的讲稿。[1]根据王亚南先生在《中国经济原论》初版序言中的说法，1940 年他开始给中山大学经济学系学生讲授《高等经济学》，当时选用的讲授底本是他和郭大力先生合译的里嘉图的《经济学及赋税之原理》，结果发现对这门课程十分感兴趣的学生并不多。于是，1942 年他再次讲授这门课程时就联系了中国经济的实际，如讲授价值论联系中国的商品价值、讲授地租论联系中国的地租等，学生们也因此活跃起来。再后来，他索性抛开了这部被誉为继亚当·斯密《国富论》之后的第二部最著名的经济学大著，直接用一般经济理论分析中国的经济问题，如用价值论分析中国的商品价值、用利润利息论分析中国的利润利息形态等，引起了学生们的极大兴趣。[2]由学生听课兴趣不高这一现象，王亚南先生联想到了理论抽象与高深的影响，认为有教学创新的必要，他说"中国一般研究经济学的青年学子，在作为一个中国的经济学研究者的限内，他是否有理解这样抽象的理论之必要，或者至少，他们所研究的抽象理论，是否能拿来同现实，特别是中国经济现实发生认识上的关联。由于这一种感想，我对于中国大学讲坛上，

---

〔1〕 张来仪："用马克思主义理论研究中国经济问题的杰出著作《中国经济原论》"，载《中国经济问题》1991 年第 6 期。

〔2〕 王亚南：《中国经济原论》，广东经济出版社 1998 年版，初版序言第 1~2 页。

关于经济学以及一切有关经济学课程所采取的教材与教法，就感到大有改革之必要"。[1]显然，王亚南先生在坪石那段艰苦的岁月中边讲课、边研究，亦即我们常说的教学实践和科学研究相结合，这才有了授课内容、授课方法的创新和学生学习兴趣的提高，也才有了颇具开拓性、创造性意义的著作——《中国经济原论》的问世。

王亚南先生这种教学实践与科学研究结合起来的做法，用潘懋元教授的话说，就是以研究的态度来进行教学。[2]以"研究的态度"进行教学，这是课堂教学生命力的源泉，是非常值得我们去学习借鉴的。众所周知，由于多种因素的影响，当前大学生的学习兴趣并不浓厚，照搬书本理论的授课方式更是不受欢迎。为了摆脱这种局面，兴趣教育越来越受学校以及广大教师的重视，各种路径的教学改革层出不穷，作为一线教师，笔者也尝试了一系列的教学改革，但总的感觉是结果并不理想，学生们的兴趣经常处于"三分钟热度"的状态，学习积极性始终难以持久。笔者为此时常感到困惑，而这种困惑在重温《中国经济原论》时慢慢消除了。在该著作的初版序言中，王亚南先生解释了经济学教材与教法改革的初衷，介绍了新的讲授方法，"在讲完每一篇每一章的一般经济形态之后，紧接着就讲到中国有关经济形态的相同相异点，以及时下流行的国人有关那种经济形态的不正确认识，并分别予以评正"。[3]细细体会，这样的授课方法明显可以帮助学生加深理解，并启发学生的思维，同时也能培养学生分析问题、解决问题的意识和能力，体现了

〔1〕 王亚南：《中国经济原论》，广东经济出版社 1998 年版，初版序言第 1~2 页。

〔2〕 潘懋元："王亚南教授是如何以研究的态度来进行教学的"，载《厦门大学学报（哲学社会科学版）》1979 年第 1 期。

〔3〕 王亚南：《中国经济原论》，广东经济出版社 1998 年版，初版序言第 2 页。

王亚南先生基于教学需要的研究思路。反观笔者自身的教学、科研实践，终究是没有做到以"研究的态度"进行教学，科研也没有充分考虑教学需要，常常是为研究而研究。而今，王亚南先生的治学范例提醒我们，只有在理论与实践、教学与科研相结合的道路上行进，才能取得更加丰硕的成果，课堂教学才会有鲜活的生命力。

三、研究中国经济问题必须坚持理论联系实际的原则

在毕生的学术活动中，王亚南先生始终主张理论联系实际。在"致中山大学经济学系同学一封公开信"中，王亚南先生清楚地表达了理论联系实际的观念，"我们在自学过程中，也可能因个人的及其他学校生活的种种原因，使自己的研究慢慢走向与时代和现实脱节的路上去。就我们学经济学的人说，注重理论研究固然怕发生这种毛病，就是从事技术性的研究，也怕发生这种毛病"。王亚南先生还鼓励学生"设法自己学习，自己去找门路"，"自己把勤奋钻研的结果，去同现实发生联系，自己从现实体验中使所学的得到证验和充实"。在主张理论联系实际的同时，王亚南先生也自觉地身体力行，并且从中获得了丰富的知识，深化了对近代中国经济问题的认识。这在《中国经济原论》中也有明确体现，"战争愈向前发展，我们原有的一点新式产业基础，愈无法保持；同时，一向被我们沿海都市方面的作者专家视为已经资本主义化了的大后方，又无所遮掩地暴露出它的实相。而万分苦恼着我们的落后诸经济活动，如商业资本、高利贷资本及土地资本的活动，更逼着我们不再能获有否认封建传统经济成分占着优势的口实……现实把认识变单纯了"。[1]

---

〔1〕 王亚南：《中国经济原论》，广东经济出版社1998年版，第30页。

正是由于不断地从实践中汲取经验、丰富知识、深化认识，王亚南先生的经济思想逐渐成熟起来，"中国经济学"亦从此萌芽。由授课所用的讲稿到正式出版的具有里程碑意义的著作，《中国经济原论》成功地把马克思主义基本原理同中国经济实际紧密结合，为读者展示了近代中国社会经济的性质及其运行规律，很好地体现了理论运用过程的实践性。从《中国经济原论》的结构体系来看，全书共设置了导论、[1]中国社会的商品与商品价值形态、中国社会的货币形态、中国社会的资本形态、中国社会的利息形态与利润形态、中国社会的工资形态、中国社会的地租形态、中国社会的经济恐慌形态以及结论等九篇内容，[2]各篇章系统地紧密相连，由始至终，大体上都是以"中国社会的"为阐述重点，这给我们留下了深刻印象，而更让我们难以忘记的是著作中对《资本论》的结构体系、范畴、规律的灵活应用，可谓是将《资本论》的核心理论恰如其分地应用于中国经济问题的研究。这种根植于中国社会经济背景的应用，使得《中国经济原论》成了马克思主义政治经济学中国化的典范之作，也是王亚南先生"以中国人的资格"研究中国经济问题的具体体现。

在理论与实践的结合上，王亚南先生的看法是，经济学是一门在实践中形成并要在实践意义与要求上去理解的科学，[3]同时经济学又是历史的科学，各个社会经济在它的各发展阶段都有其不同的经济现实，受不同规律支配，适应着各发展阶段的实践要求。经济规律是在现实经济演变过程中，在实践的要

---

[1] 第一篇导论，是1957年增订版中新加的篇章，具体阐述了近代中国半殖民地半封建经济的形成发展及其研究上的两种基本对立见解。

[2] 参见王亚南：《中国经济原论》，广东经济出版社1998年版。

[3] 王亚南：《经济科学论》，福建教育出版社1987年版，第3页。

求中，逐渐去发现的。[1] 由于"任何一个社会，它的自然条件，从而它的历史条件，不能与其他社会恰好一致"，[2] 因此"在理论上，经济学在各国尽管只有一个，而在应用上，经济学对于任何国家却都不是一样的"。[3] 基于这种从实际出发的思想，王亚南先生非常重视社会实践和调查研究，入职中山大学之前他就有着诸多具体的社会实践活动经历，参加过北伐军，在军中担任政治教员，参与过"福建事变"，担任十九路军成立的福建人民政府教育委员兼福建人民政府机关报社社长，对中国社会的经济形态有着深入的了解和认识。到中山大学任教以后，他为研究近代中国的社会经济问题还组织了经济调查处，把 10 名助教组织起来分别负责农业、工业、财政金融以及生产和消费合作社等实际问题的调查工作，[4] 带领学生走出校门到社会上开展调查研究，从而获得了大量第一手资料。在调查实践的基础上，王亚南先生系统研究了近代中国半封建半殖民地经济的实际问题，揭示了半封建半殖民地经济与传统的封建地主经济的渊源关系，分析了半封建半殖民地经济的成因与运动规律。可以说，《中国经济原论》这一理论成就源于理论与实践的结合，也正是在理论与实践的结合中王亚南先生发现了近代中国社会经济的特殊之处，即"明明是封建的，却从土地及劳力自由转移的外观上，显出现代资本制的姿态来"。[5] 这就进一步证明，经济学是一门实践科学，必然要在实践中形成和发展。

---

[1] 王亚南：《经济科学论》，福建教育出版社 1987 年版，第 6 页。

[2] 王亚南：《中国经济学界的奥地利学派经济学》，福建教育出版社 1987 年版，第 489 页。

[3] 王亚南：《中国经济学界的奥地利学派经济学》，福建教育出版社 1987 年版，第 490 页。

[4] 甘民重、林其泉："王亚南传略"，载《党史资料与研究》1987 年第 4 期。

[5] 王亚南：《中国经济原论》，广东经济出版社 1998 年版，第 43 页。

王亚南先生创作《中国经济原论》的实践范例，对于我们今天研究中国经济问题有着重要的启示，即研究中国经济问题一定要考虑到国情历史的差异性，要立足于现实生活考察中国的社会经济问题。中国数十年经济建设的实践已经证明，不能简单照搬别人的理论和经验，只有合理地吸收与借鉴才是我们应有的选择。当下，中国经济经过了改革开放以来的迅猛发展，面临的环境形势变得极为复杂，外部环境严峻与自身发展不充分不平衡问题相叠加，使得稳定经济增长、防范经济风险变得更为紧要。在这种情况下，研究中国经济问题更加不能脱离经济运作的现实状况，那种脱离经济主体和经济运作实际的研究，只能导致客观过程和主观思维发生脱节甚至是完全背离。因此，我们研究当今中国的经济问题，不能仅仅停留在它的"外观"上，而是要深入分析它的实质。这就需要我们将理论与实践密切结合起来，深入实际系统考察社会经济现象，厘清复杂的社会经济网络和社会经济关系，在此基础上，科学利用已有的基本概念和经济原理，系统地剖析现实经济活动过程中的经济行为和经济现象，从中发现并深入认识当代中国经济发展的客观规律。

四、科学的方法论和正确的史学观是学术研究不可或缺的要素

王亚南先生对马克思主义政治经济学中国化的贡献，不仅在于他和郭大力先生合作翻译了《资本论》，而且更在于他运用《资本论》的基本理论和方法研究了中国的社会经济问题。[1]确实，在《中国经济原论》的写作中，王亚南先生借鉴了马克

---

[1] 宋涛："王亚南的经济思想——纪念王亚南诞辰九十周年"，载《经济理论与经济管理》1991 年第 6 期。

思《资本论》所运用的基本研究方法对近代中国半封建半殖民地经济进行分析研究，揭示了封建剥削关系在近代中国社会经济中的核心地位，揭示了近代中国强商业资本与弱产业资本的畸形关系。[1]这是一种透过表象看本质的科学研究方法，它成就了《中国经济原论》这部马克思主义政治经济学中国化的经典之作。在这部著作的序言中，王亚南先生详细介绍了研究所采取的方法，他认为，"只有依据唯物辩证法，才能把我们那种处在转变过程中的复杂的社会生产关系或经济关系弄个明白"，[2]因为"唯物辩证法教给我们一个最可靠的科学真理，就是不管所研究的社会经济形态如何复杂，如何具有引人入迷或发生错觉的表象，只要透过表象去看它内部的联系，抓住它的本质，就有可能掌握它的来龙去脉或发展规律"。[3]于是，《中国经济原论》的写作尽管是应用了《资本论》的体系范畴，但它并非生搬硬套《资本论》所得出的结论，而是学习运用了其中的唯物辩证法。如果将《中国经济原论》与马克思的《资本论》进行对照，就会发现近代中国半封建半殖民地经济的资本运动是以商业资本为支配的资本运动，这与资本主义的产业资本为支配的资本运动明显不同。通过《中国经济原论》的分析阐述，我们了解到，近代中国半封建半殖民地社会的产业之所以难以取得很好的发展，很大程度上是因为它有着"先天不足的毛病"，而商业又容易和地主、官僚、高利贷者以及帝国主义势力形成"通家"，造成了商业支配产业、商业利润高于产业利润的局面，使得资金更愿意停留在商业领域，而不是对产业的支持。商业

---

〔1〕 刘晓雷、谭群玉："《中国经济原论》与马克思主义政治经济学中国化"，载《现代哲学》2017年第6期。

〔2〕 王亚南：《中国经济原论》，广东经济出版社1998年版，第49页。

〔3〕 王亚南：《中国经济原论》，广东经济出版社1998年版，第50页。

资本的"独立发展性，因为附上了买办性，就如同猛虎附翼般地猖狂起来"，[1]"中国近代商业的买办性，其本质就是排斥产业的。它在国际资本的作用下，担当了为外国产业服务的任务，它就不需要也不可能为中国产业服务"。[2]这是近代中国半封建半殖民地经济的资本运动的特质，是王亚南先生运用《资本论》的基本研究方法揭示出来的，也是他灵活运用唯物辩证法的具体写照。

在灵活运用唯物辩证法的同时，王亚南先生还采用了比较研究法、全面研究法、发展研究法来分析中国的社会经济问题。他认为，只有借助比较的、全面的、发展的研究方法，"才能把我们这种经济形态的特点、特质及其特殊规律揭露出来"。[3]这种颇具特色的研究方法在《中国经济原论》全书的各个章节都有所体现。例如，将某一特定经济形态的某个因素与资本主义应有的状态做对比；在全面考察近代中国影响资本运动的各类因素的基础上分析商业资本对产业资本的制约作用；使用发展的眼光分析新币制政策可能产生的影响等。在运用比较研究法时，王亚南先生是以资本主义社会的共性作为标杆的，他在对中国社会的资本形态的分析中指出："任何一个高度发达的资本主义国家，他的经济发展，并不是平衡的，它无论如何，还不免残留下一些相对落后的部门和领域，让前期的非现代性的资本形态，仍有寄生的可能。但它的活动范围，是在不断随着资本主义生产方式的扩大而缩小的，它不但失去了决定的作用，并早改变了原初的状态。"[4]而在中国则不同，"我们已有了现

〔1〕 王亚南：《中国经济原论》，广东经济出版社 1998 年版，第 177 页。
〔2〕 王亚南：《中国经济原论》，广东经济出版社 1998 年版，第 175~176 页。
〔3〕 王亚南：《中国经济原论》，广东经济出版社 1998 年版，第 51 页。
〔4〕 王亚南：《中国经济原论》，广东经济出版社 1998 年版，第 115 页。

代型的产业资本和银行资本，但我们的前资本主义的诸资本形态，不仅继续发挥决定作用，且还在阻扰产业资本，歪曲银行资本"。[1]全面研究法的运用，在中国社会的资本形态的分析中同样也有体现。例如，王亚南先生全面考察了中国社会资本运动的各类影响因素，从产业自身、资金流向、外部环境等各个层面阐述了近代中国商业资本对产业资本的制约作用，"商业和高利贷业或银行业在赋税与公债上所贡献给财政的助力愈大，而它们就更好地把赋税，把公债乃至把通货作为加倍转嫁或向独立小生产者索取较高代价的口实或工具"，[2]"结果，在中国对外的商品往复运动与货币往复运动中，就形成一种很异样的资本集中运动"。[3]发展研究法的运用，反映了王亚南先生坚持用发展的眼光看待问题的态度。例如，他在分析新币制政策时，一方面肯定了新币制政策在当时所起的作用，认为它解决了银本位下[4]的种种弊端，"在中国货币史上，总算开了一个新币纪元……纸币发行权，铸币铸造权，已大体被统一于中央政府。于是我们的货币，至少已取得了现代型的外观"。[5]另一方面也指出，随着时间的推移，新币制政策将会导致白银外流、通货膨胀等风险。由此我们不难发现，王亚南先生不仅倡导使用比较的、全面的、发展的研究方法，而且也把它们作为研究中国经济问题的重要手段。这对于我们研究当代中国的经济问题同样具有启迪作用，很好地掌握这些研究方法，灵活地加以运用，必然是大有益处的。

---

〔1〕 王亚南：《中国经济原论》，广东经济出版社 1998 年版，第 115 页。

〔2〕 王亚南：《中国经济原论》，广东经济出版社 1998 年版，第 138 页。

〔3〕 王亚南：《中国经济原论》，广东经济出版社 1998 年版，第 140~141 页。

〔4〕 1935 年以前中国一直实行银本位制，比欧洲落后了一个世纪。1935 年南京国民政府实行币制改革，废止了银本位制。

〔5〕 王亚南：《中国经济原论》，广东经济出版社 1998 年版，第 106~107 页。

此外，研究当代中国社会经济问题还必须借助于经济史学，即要从历史发展的角度去研究中国社会经济问题。正如王亚南先生所指出的，转型期的中国经济包含有浓厚的传统特质，经济学的研究更是必然地要与经济史结合起来。关于将经济学与经济史结合起来研究这一点，王亚南先生在《中国经济原论》中也有十分清楚的阐述，他说："我们在必要的场合，溯源地探究到封建体制的特质，并不仅是作为更明确理解中国现代经济的一个准备性的研究步骤，实因它本身，就是我们所研究对象的一个重要构成成分，我们是要在这包含有浓厚封建成分，以致无法成就资本主义发展的现代中国经济的演变过程中，在其新旧倾轧与交互消长的当中，去发现其究竟表现了哪一些规律，哪一些鲜明的倾向。"[1] 了解过去方能深知现在，王亚南先生重视历史的目的就是更准确地认识现实。他在谈及研究中国经济问题所依据的科学时，明确地将经济史学、中国经济史列入研究应当依据的三种科学之中，认为史实和经济规律对于研究中国经济形态具有借鉴作用，对中国经济史的研究有利于认识中国的经济问题，并指出"我们研究中国这种经济形态决不能忽视这尚在萌芽成长过程中的中国经济史所可能给予我们的直接间接的帮助"，[2] 通过对中国经济史的研究，使得"以往中国经济本身所显示的一些叫人不易捉摸把握的幻象，都逐渐呈现出了本来面目"，[3] "由中国社会经济史实与史的法则的研究，我们以前对于中国经济上所想不到或想不透的事情，现在都可以说明了"。[4] 总之，王亚南先生之所以将经济学和经济史结合

---

〔1〕 王亚南：《中国经济原论》，广东经济出版社 1998 年版，第 55 页。

〔2〕 王亚南：《中国经济原论》，广东经济出版社 1998 年版，第 49 页。

〔3〕 王亚南：《中国经济原论》，广东经济出版社 1998 年版，第 49 页。

〔4〕 王亚南：《中国经济原论》，广东经济出版社 1998 年版，第 49 页。

起来研究，其本意在于厘清各个历史阶段社会经济形态变革的内在联系与规律。[1]王亚南先生所秉持的史学观同样给予我们启示与启发，即研究当代中国社会经济问题，必然不能脱离中国经济发展的历史，只有透彻地认识中国经济发展的过去，并从中吸取经验和教训，才能从中悟出中国经济发展的规律。

---

[1] 甘民重："历史观·实践观·系统观（上）——王亚南的认识论和方法论思想浅识"，载《中国经济问题》1986 年第 6 期。

烽火淬炼中的国学传播者

——记中山大学抗战时期的国学大师陈寅恪先生

黄一映[*]

摘　要： 一代国学大师陈寅恪先生，有着中国文化本位的国学情怀，深厚久远的家学渊源，心无旁骛的治学理念以及贯通中西的学术造诣。时值抗战时期华南讲学阶段，陈寅恪以一贯孜孜以求的学风，示人以准则的教学理念，以及彰显其文史互证的研究方法立身教学。其信奉的"独立之精神，自由之思想"亦成为后世治学的精神信仰。

关键词： 陈寅恪；国学；华南教育史；中山大学

陈寅恪先生因广博深厚的学问，被列为中国"前辈史学四大家"之首，陈寅恪先生治学的精神，被视作清华百年"四大哲人"风气之先。笔者师从中山大学历史系的先辈师长，集历史学家、语言学研究家、古典东方学家于一身的国学大师陈寅恪先生，笔者开展研究的原点，是陈寅恪先生留下的数百万字论著。在反复阅读中，有几个主要的问题指引笔者进行越来越深入与细致的思考，即对陈寅恪先生的教育思想和治学精神如何加

---

　*　黄一映，女，韶关学院政法学院副教授，博士。基金项目：广东省 2020 年高等教育教学改革立项项目《课程思政导向的高校军事理论课教学创新与实施路径研究》。

以总结，这种思想精神缘何产生，如何体现在具体研究中，如何与研究方法紧密结合在一起，以及这种思想和方法的意义所在。

一、中国文化本位的国学情怀

2020 年适逢一代国学大师陈寅恪先生诞辰 130 周年。国际汉学界颇具影响的《剑桥中华民国史（1912–1949 年）》一书，曾这样评价陈寅恪："解释这一时期政治和制度史的第二个大贡献是伟大的中国史学家陈寅恪作出的。他提出的关于唐代政治和制度的观点，远比以往发表的任何观点都扎实、严谨和令人信服。"[1]陈寅恪一生不问政治，长期致力于著书育人和国学研究工作。他对魏晋南北朝史、隋唐史、唐代和清代文学，以及佛教典籍的研究尤其深入，被尊为一代史学宗师。出身于煊赫之家的陈寅恪，内心始终保留着"士"的底色，他虽然没有从政，但天下兴亡却是他一生的忧患。

20 世纪 20 年代抗战前夕，清华大学发生了一件对中国学术影响深远的大事——成立清华国学研究院。该研究院的宗旨是用现代科学的方法整理国故，培养以著述为毕生事业的国学人才。为此，清华国学研究院特聘四位导师，即后世所称的百年清华四大哲人，前辈史学四大家：第一位是开创用甲骨文研究殷商史的王国维，第二位是戊戌变法的核心人物、著述等身的梁启超，第三位是从哈佛大学归来的著名语言学家赵元任，第四位导师，就是时年年仅 30 出头的陈寅恪。陈寅恪不仅得到了当时国学研究院主任吴宓的极力推荐，还被其称为是全中国最博学之人。同为国学院导师的梁启超也很尊重他，还虚心地向人介绍说陈先生的学问胜过他。

---

〔1〕［美］费正清编：《剑桥中华民国史（1912–1949 年）》，杨品泉等译，中国社会科学出版社 1994 年版，第 326 页。

陈寅恪接到中山大学导师聘书时，正值抗战时期，本来他还在北平清华学堂教书，但由于不愿在日本租界讲学，便正式成为中山大学的全职教员。就是这位年轻的学者，后来成了享誉世界的中国现代最负盛名，集历史学家、古典文学研究家、语言学家和诗人于一身的百年难得一见的学者和教育家。

在国学教育方面，陈寅恪非常注重培养学生们对于中国文化的兴趣，这与其从国外求学归来担任清华国学研究院导师期间，在国学治学方面推陈出新的理念息息相关。陈寅恪认为中国文化在世界学术中的地位很高，跟当时中国政治地位低下的现实完全相反，因此，陈寅恪明确主张中国学术应该吸收输入外来之学说，不忘本来民族之地位。陈寅恪研究专家吴定宇曾指出，"中国文化本位"是陈寅恪文化观里面的核心部分，他始终认为两种文化整合的时候，必然要有一种文化作为本体、本位，来吸取整合其他的文化，所以其形成了一种以中国文化为本位，去吸收西方文化的文化观念。20世纪上半叶，陈寅恪为国家培养了许多优秀人才，其中不乏季羡林、蒋天枢这样的大师，桃李满天下，对其而言当之无愧。

二、深厚久远的家学渊源

陈寅恪先生家学渊源深厚，故而成名绝非偶然。学富五车、才高八斗，那一定是家学渊源深厚，突兀而起者，乃凤毛麟角。陈寅恪会如此看重"教书匠"这一身份，与他不同寻常的人生有着密不可分的联系。

陈寅恪的籍贯，是江西义宁县，据他的受业弟子罗香林教授回忆，在20世纪30年代，当陈寅恪在清华大学任教时，曾经对自己的籍贯和远祖有过这样的描述："上代是从福建的上杭（汀州所属）迁去的，本属客家系统。义宁的客家人，多数是在清初从福建的汀州和广东的嘉应州迁去的。"〔1〕可见，陈寅恪祖上的"客家传统"和其"文化型家族"的最终形成，有着非常密切的关系。这种家族文化传统，渗透在陈氏家族每个成员的血液中，也决定了陈寅恪所在的社会文化阶层。这是我们可以回溯到的陈寅恪"文史互证"思想与方法的家族起点。

陈寅恪1890年出生于湖南长沙，早期洋务运动的发源地。陈寅恪的祖父陈宝箴是当时的湖南巡抚，父亲陈三立是"清末维新四公子"之一。家学渊源深厚的陈寅恪从幼年时就受到祖父和父亲开明而又严格的文化训练，非常重视教育，重视独立精神的家学传统，对陈寅恪的影响首先是在教育中形成了一种开阔的视野，让他如同海绵吸水般饱览吸收中外科学文化精华，不像抱残守缺的老古董般守旧，造就其开眼看世界的眼光和学术独立之精神，创新之气象。

在抗战岁月中的讲学时期，陈寅恪先生的淑学精义可最早追溯至其年少求学的经历。在父亲的全力支持下，陈寅恪少年时期便留学日本研习隋唐典章制度，后来从复旦公学、德国柏林大学、瑞士苏黎世大学、法国巴黎高等政治学院到美国哈佛大学等世界一流学府研学十多年，他不仅掌握了梵文、印地文、希伯来文等八种语言，还是最早在德国研读原版《资本论》的第一位中国人。在多种文化的熏陶下，陈寅恪逐渐找到了自己教学的方向，那就是当时比较冷门的佛学、史学和比较语言文学。更让人难以理解的是，他教学主张不修学分，也不考文凭。对此，陈寅恪的解释是考试不难，但两三年内被一个具体专题所束缚，就没有时间学其他知识了。教书育人不求文凭的陈寅恪，主张完全以一种人文求学的方式与心态"在

〔1〕 中山大学历史系编：《陈寅恪与二十世纪中国学术》，浙江人民出版社2000年版，第73页。

史中求识"。中山大学教授吴定宇认为，陈寅恪专注于学习学问，感兴趣的课就去听，渐渐形成了他百科全书式的知识结构。

三、心无旁骛的治学理念

20世纪40年代抗战时期，陈寅恪当时讲授的是国学和佛教研究等课程。陈寅恪每次上课时，教室里都挤满了学生，听课的人中，不论是学生还是教授，凡是文史方面有疑难问题，都会向陈寅恪请教，而且一定能得到满意的答复。因此，陈寅恪也得到了"活字典""教授的教授"的美誉。陈寅恪晚年历经颠沛流离，世事沧桑，眼睛失明的他被人搀扶着回到中山大学康乐园时，校方曾劝他休养一段时间，陈寅恪则回答："我是教书匠，不教书怎么能叫教书匠呢。"（中山大学教授吴定宇访谈笔录）学生们回忆陈先生说这话时，脸上虽是笑着，但让他们感受到的却是陈寅恪的严肃和坚决。

现任清华大学国学研究院院长陈来评价陈寅恪"讲课不仅博学，眼睛炯炯有神，风采非常能够感动学生"。历史系教授张国刚回忆道："他的学生辈的周一良先生，燕京大学的学生也跑去听课。""来听陈寅恪的课，真是过瘾。讲课方法不一定很高明，讲课内容绝对有干货有真货。所以没有根底的人听得云里雾里。喜欢的人远道而来，慕名而至"，成为当时坪石讲学的一道风景线。

中山大学开启救国图存道路的地方，也留下了陈寅恪对比较文学、宗教学等课题的思考。20世纪30年代的《暑期周刊》上，曾发表过这样一篇文章："国学院的上课铃响后，一位里面穿着皮袍，外面罩衣蓝布，头戴一顶遮耳皮毛，足下蹬着棉鞋，右手抱着一个蓝布大包袱，相貌稀奇的纯粹国货式的老先生，准时出现在课堂上。"〔1〕文中描述的这位国货老先生就是陈寅恪。而在陈寅恪的一生中，教书匠也一直是他最珍惜的一个身份。他去课堂讲课时，佛经、禅宗的书一定是用黄包袱皮包裹着，其他课程的书则用蓝包袱皮。陈寅恪对教书这件事有着宗教般的虔诚和仪式感，他还曾对自己立下了严苛的教学信条："前人讲过的我不讲，近人讲过的我不讲，外国人讲过的我不讲，我自己过去讲过的也不讲。现在只讲未曾有人讲过的。"陈寅恪是个典型的说到做到的人，这使他一辈子受累，也使他永远站在学术的巅峰。

四、贯通中西的学术造诣

在中山大学坪石讲学时期，陈寅恪经常与其他学者进行学术的探寻与思维的碰撞。融合了西方文化的陈寅恪，早年的研究方向多为佛典译本及其对中国文化的影响，唐代以来中亚和西北外族与汉民族的交流。在同事的鼓励下，陈寅恪为中国国学研究开辟了一个崭新的领域，即对不同民族语言与历史的比较研究。那时王国维是中国近现代相交时期一位享有国际声誉的著名学者，也曾是末代皇帝溥仪的老师。陈寅恪与王国维交往密切，经常进行学术探讨，视彼此为知己。王逝世后，陈寅恪在对其的纪念碑铭中对其"独立之精神，自由之思想"给予极高的称颂。中国文化研究所所长刘梦溪评价道，陈把王的精神推而广之，所谓士的治学，就是知识分子，一定要脱离俗谛的桎梏不受枷锁控制，真理才能够得到发扬。也正因于此，"独立之精神，自由之思想"成为陈寅恪治学精神最主要的方面。正是学者的独立精神，使陈寅恪在学术上有了真正的创获。

〔1〕 蒋天枢撰：《陈寅恪先生编年事辑》（增订本），上海古籍出版社1997年版，第135页。

宗教学研究是陈寅恪学术研究的重要组成部分，而佛学研究则是他宗教学研究中最重要的章节。他利用丰富的语言学知识，在中国开辟了南北两传佛教比较研究的领域，并指出了以往中国佛教翻译的许多误译和误解的问题。中山大学原副校长、曾任陈寅恪助手的胡守为教授谈道，陈寅恪早期写的论文有不少是去纠正《佛经》中文译本里的错误，但他不仅是校对出译本的错误，更重要的是从这些译本里面发现佛教的思想对中国社会的影响（中山大学副校长胡守为教授访谈笔录）。原本是考据佛教的文化，演变成中国化本土化所吸收，成为国学主流文化的一种，儒道佛三足鼎立的主流文化，陈寅恪研究此三者传播流传的过程，尤其致力于吐鲁番佛教义书的考释与整理。特别是鸦片战争以后，西方的文化如潮水般涌进中国，如何对待西学东渐使其变成中国自己的特色文化，陈寅恪先生是研究的集大成者。佛教自东汉传入中国后一直盛行，由于它教化民众向善，规范社会道德而受到了中国历代学者的重视。陈寅恪早期研究佛教翻译看重的是历史文化，这也为他进行历史研究寻找到了新的途径。中山大学也有很严谨的学术传统，如历史考据学，以及那个烽火岁月时代中的爱国传统和人文主义情怀，这些对陈寅恪的学术思想和治学方法皆有深刻影响。

20世纪30年代末40年代初，不平静的中国社会注定了陈寅恪和中山大学结缘。从日本侵华制造平顶山惨案开始，陈寅恪谢绝了一切社交，也不再穿西装，终年穿着长衫，这一习惯一直保留到他去世。1937年北平沦陷后，陈寅恪所在的清华大学和北京大学、南开大学一起转移到云南昆明，组成西南联合大学，西迁昆明不久，陈寅恪就遇到了一件令他感到意外且很难抉择的事情：早在1935年，由于英国牛津大学著名的汉学教授苏威廉去世，牛津大学便开始在世界各地物色汉学教授，最终他们把目光投向了中国国学大师陈寅恪。经多位权威人士的推荐和牛津大学严苛的审查后，1939年初，英国牛津大学向陈寅恪正式发出聘书，聘请他为该校汉学教授，牛津大学在聘书中特意写明，陈寅恪是牛津大学建校300余年来首次聘请的第一位中国专职教授。聘书的到来让得知这一消息的国内学者无不为陈寅恪感到骄傲。但是陈寅恪对于赴牛津任教一事却比较犹豫，当时中国驻英大使以及陈的好友傅斯年都主张陈去。也就是在这一时期，陈寅恪的史学研究发生了第一次转向，开始进行魏晋和隋唐时期的中古史研究，并撰写了他一生中最重要的著作——《隋唐制度渊源略论稿》和《唐代政治史述论稿》。这两部著作在他的学术生涯中具有举足轻重的意义。这两部著作，从学术形式上是很传统的，但从其问题意识来说是非常现代的。因为传统的史学研究问题都是政权更迭，而陈寅恪讨论的是种族、文化，以及各种制度的演变，具有很宏观的视野。问题意识也是现代的，中国传统的学者也较少涉猎这些问题。继《隋唐制度渊源略论稿》和《唐代政治史述论稿》之后，陈寅恪又撰写了《元白诗笺证稿》一书，这几本著作的出版奠定了他在中古史研究中的地位，并为中国史学界开创了一个史学研究的新范式。《元白诗笺证稿》是一部文学史的考证著作，它以元白的诗作为资源来考证唐代的文化历史，把唐代知识分子的状况、社会的风气习俗，以及唐代长安的各种状况在书中展现得淋漓尽致，采用了一种臻于细致的考证式研究呈现方法。

　　1944年冬，早年已有一只眼睛失明的陈寅恪，现在另一只眼睛又被诊断为视网膜剥离，虽然做了手术，却已经无法复明。为此，陈寅恪只好让女儿赶往教室通知学生上不了课了。这对于一位潜心研究的学者来说无异于致命打击，使其濒临崩溃的边缘。由于南方的气候适合陈寅恪和其夫人唐篔养病，后来时任岭南大学校长陈序经派人接陈一家至岭南大学（今中山大学前身）任教。双目失明的陈寅恪在黑暗中生活了多年。中山大学的陈寅恪故居是校园里最安静的处所，走进来必须经过那条狭长灰白的"陈寅恪小道"，由于陈寅恪残存的视力只能微弱地辨别白色，陶铸便派人在院子里修了一条白色甬道，使陈在散步时不至跌倒。故居西边二楼的大阳台，是陈寅恪当年授课的教室，陈寅恪晚年的代表作《论再生缘》《柳如是别传》等就是在此完成的。这两部著作成为陈寅恪第二次学术转向的代表作。特别是《柳如是别传》，以传记的形式把明末清初这段波澜壮阔的历史以百科全书式的视野展现出来，这种"文史互证"的研究方法在史学上来讲不仅仅是给一个倚门卖笑的奇女子立传，其实写的是明清文化通史和文化史，里面写了众多人物，也展现出当时的政治变迁和文化变迁。而且，该传记行文非常特别，几乎全由一个个细致的考证组成，毫无文学的渲染，名似艳冶实为刻板，名曰传记实则考证，全书共 85 万字，陈寅恪整整花了十年的时间才完成。[1]

1982 年，由中国古文学家蒋天枢先生为其师陈寅恪先生整理出版文稿《陈寅恪文集》，全套书共七种九册，由上海古籍出版社陆续出版。文集作品遵照陈寅恪先生生前遗愿，保持繁体字竖排出版。

2020 年，适逢陈寅恪先生诞辰 130 周年，为了纪念这位中国现代集历史学家、语言学研究家、古典文学家和诗人于一身的杰出人物，学界又重新整理了《陈寅恪合集》，[2] 共计九种十册，皇皇巨著 200 多万字，是国内第一部简体横排版陈寅恪

〔1〕 北京大学中国中古史研究中心编：《纪念陈寅恪先生诞辰百年学术论文集》，北京大学出版社 1989 年版，第 68 页。

〔2〕 陈寅恪：《陈寅恪合集》，译林出版社 2020 年版。

文集，甫一出版便在学界引发研究陈学的新热潮。

终其一生，陈寅恪先生名如其人，恪守孜孜以求的学术宗旨，始终践行并实现其一匡当世之学风，示人以准则的治学理想。他信奉的"独立之精神，自由之思想"更是成为后世治学的精神信仰。

李约瑟广东坪石科学考察述略

周新成[*]

摘　要： 英国学者李约瑟在华南教育史上添上了浓墨重彩的一笔，1944 年正值日军打通大陆交通线的非常时期，为鼓舞艰苦抗战的中国科学家，他在弥漫炮火的烽烟中抵达粤北坪石镇栗源堡，考察战时迁址到此办学的中山大学，开启了这位英国剑桥大学哲学与科学"双博士"结缘中山大学的历程。在此期间，他进行了演讲、授课、访谈、捐款捐物等系列活动，访问了中山大学散居各地的不同学院（系），有文献考证的包括法学院、岭南农学院、理学院、医学院、哲学系、数学天文系和教师楼等，并拜访了蒲蛰龙、朱谦之、王亚南、蒋英、梁家勉、马思聪等教授，他们在之后的岁月里都成了中国各学科领域中的知名专家学者。其助手黄兴宗博士在后来出版的回忆录中称"中山大学是我们战时在中国访问过的最大的大学"。

关键词： 李约瑟；中山大学；法学院；岭南农学院；哲学系；数学天文系

作为化学胚胎学的奠基人、英国皇家自然科学学会会员、人文科学院院士、生物化学和科学哲学史学家、中国科学院首

＊ 周新成，1969 年生，男，湖南耒阳人，教授，硕士，研究方向为科技政策与科技管理、技术哲学。

批外籍院士的李约瑟（Joseph Needham，1900 年～1995 年），
1943 年春，受英国时任首相丘吉尔的指示以及英国科学委员会
委派，以英国驻华科学使团副团长兼驻华使馆科学参赞的身份
首次来华科学考察，支援抗战中的中国科学事业。其科学考察
行程遍及中国十个省，访问了战时中国四处迁址的科研机构与
大学，并与诸多中国知名学者进行了交流。在科学考察期间，
李约瑟深深地体会到战时中国科研条件之艰苦，科研工作人员
遇到的种种困难令人难以置信，他们忍受清贫，甘愿吃苦，即
使是著名教授也过着半饥半饱的生活，每月只领到一些混杂糠
壳、沙子的糙米，有时还要变卖衣物度日，但这些都没有动摇
他们搞科研的决心。出于英国驻华科学使团的任务及李氏本人
对中国文化的浓厚兴趣，李约瑟向英国政府建议创建专门的官
方援华科学机构，并得到了英国政府的批准，这就是"中英科
学合作馆"（Chinese-British Scientific Cooperation Office），该馆
为中国现代科学事业的发展作出了重要贡献。[1]

一、李约瑟结缘中山大学

1944 年春，世界反法西斯战争已露胜利曙光。4 月初，李
约瑟偕助手黄兴宗乘车由重庆出发，开始了对中国中南和东南
部的科学考察活动。途经贵州遵义，他会见了内迁遵义的浙江
大学校长、著名地质气象学家竺可桢。在贵阳，他访问了贵州
大学和广西大学。之后李约瑟和黄兴宗离开贵阳，经柳州、桂
林、衡阳，1944 年 4 月下旬抵达粤北山区坪石镇栗源堡，考察
由云南澄江迁移来此的中山大学。

他们的到来受到了中山大学师生们的热烈欢迎，"李约瑟，改

---

〔1〕 许立言、叶晓青："抗战时期李约瑟在中国的科学活动"，载《自然杂志》
1981 年第 9 期。

变西方对中国文明落后评价的人"，在坪石镇考察了近两周。[1]
他们走访了中山大学散居坪石各地的不同学院系，包括岭南农
学院、数学天文系等，在中山大学主校区，当时有法学院、理
学院、工程学院、艺术学院、哲学系、经济学系和教师楼，有
将近 2500 名学生。考察期间，李约瑟进行了演讲、授课、访
谈、捐款捐物等系列活动，参观了学校的科研教学设施，并且
组织了多场与教职工的集体讨论。略显遗憾的是，在考察的最
后几天，由于水土不服，他开始感到肚子不适，这影响了他的
科学考察活动。

由于抗战爆发，中山大学内迁，科研设施与图书资料遭到
极大损坏，教师实际上成了难民，基本生活条件都难以得到保
证。学院迁入祠堂，学生寄宿破庙，但每天坚持上课，他们运
用原始研究设备、采用手工作业方法，在极其艰难困苦的条件
下搞科研。教授在烛光下做实验、写文章，科研工作条件与设
施简陋程度可想而知，"缺乏设备的情况是任何其他民族都会吃
惊的"。[2]尽管李约瑟一行被安排住进了学校的贵宾房，地处美
丽的樟树林里，所有的建筑看起来都很新且维护得当，但宿舍
的门廊和走廊及建筑都很简陋，"极像我们在新加坡和马尼拉热
带地区常见的房屋风格，这绝对是目前我们所见过的最吸引人
的临时校舍了"。[3]但是李约瑟并没有对此失望，他的着眼点不
在我们落后的情形，他看到的是中山大学学者在抗战的文化氛
围中迸发出的坚不可摧的毅力、顽强执着的追求和自我牺牲的

〔1〕 李瑞常："英刊：李约瑟，'改变西方对中国文明落后评价的人'"，载
http://news.sohu.com/20080702/n25883240.shtml，2015 年 03 月 31 日访问。

〔2〕 李国豪、张孟闻、曹天钦："李约瑟博士与《中国科学技术史》"，载《自
然杂志》1981 年第 9 期。

〔3〕 王国忠：《李约瑟与中国》，徐迓亭校订，上海科学普及出版社 1992 年
版，第 105 页。

精神，他用一支笔忠实地记下了这一切，并把它展现在全世界面前。

1944 年 5 月上旬，他们从坪石镇出发到达乐昌县城，那是中山大学医学院的故乡，学院和它的教学医院设立在临时借用的建筑里。医学院的多位教职工曾在德国受训，这给了李约瑟与老师们使用德语交流的机会。次日夜晚，他们离开了乐昌，晚上 9 点到达韶关。李约瑟一生严谨细致，养成了记工作笔记的习惯，此行也详细记录了相关访问及实地考察所获取的认知。他在日记中写道："这几次在广东的科学考察令我很愉悦，因为我既认识了很多新朋友，同时看见了我很多来自香港的朋友，他们正在这些学院中努力工作或学习。"〔1〕但是，当时他并未意识到自己正在见证这些学院生命的最后时日，因为这些学院不久就被日军的战争所毁坏了。四个月后，当他们再次穿过广东粤北时，看到曾经访问过的科研机构都陷入了混乱，有的被迫解散或者转移它们的设备和人员到更内陆的地区。5 月中旬，李约瑟取道江西前往闽西长汀，访问厦门大学。

二、李约瑟与中山大学数学天文系

熟悉中山大学历史的人也许知道，中山大学曾有两座天文台，分别在如今广州的文明路和华南农学院校园内。但鲜为人知的是，抗战时期在粤北韶关的坪石镇，中山大学数学天文系曾建起第三座天文台，在艰苦动荡的岁月中坚守着天文学的教学和研究。1947 年，中山大学数学天文系被拆分为数学系和天文系，1952 年全国高等学校院系调整时，天文系转至南京大学，天文系师生与诸多天文仪器和观测资料一同转移，并在那里创

---

〔1〕 田国栋、裴蓓："中国科技教育史中的'李约瑟难题'研究——评《中国科学技术史》"，载《教育发展研究》2018 年第 18 期。

办了南京大学天文台。〔1〕1990 年 12 月 9 日，李约瑟九秩华诞时，中国人民对外友好协会授赠他"人民友好使者"的荣誉称号，同时经国际小行星中心批准，南京紫金山天文台将新发现的一颗小行星命名为"李约瑟星"。〔2〕

中山大学因战争影响首先迁至云南澄江，稍为稳定之后，数学天文系开始将仪器设备从昆明运抵澄江，简易搭建后，逐渐恢复使用。当时，数学天文系的学生除上课之外，实习项目多已能按照过去的培养方案进行。赤道仪和子午仪这类大型仪器虽然并未安装，但是已经能采用其他简易方法进行太阳黑子的投射绘画、变星目视观测澄江纬度的初步测定等工作。

但是学校在澄江办学不足两年，1941 年便被迫迁址粤北，在坪石度过了五年时光。为延续观测研究与实习，并且为即将到来的重要日食观测做准备，在靠近栗源堡的地方，中山大学艰难地建造了第三座天文台。1944 年，李约瑟来到中山大学理学院数学天文系参观，他看到天文台的图书、仪器非常匮乏和简陋，但科学工作者在战火和颠沛流离的岁月中顽强地坚守着中国南方天文台教育研究的阵地，感动不已。当他得知天文台寄存在昆明的一部分仪器物资因交通运输限制还没有成功寄回时，当即与重庆"中英科学合作馆"联系要求派遣飞机将其运回广东，此举节省了天文台大量开支，并使天文台的设备最大限度地复原使用了。天文学者张云于 1947 年赴美国哈佛大学访问时，通过李约瑟联系募集到哈佛大学天文台曾经使用过的一台大赤道仪，弥补了天文系战时缺失的这一最重要的仪器，为

---

〔1〕 成有杰："从天文学的发展看李约瑟难题"，载《电脑知识与技术》2017 年第 26 期。

〔2〕 萨本仁："抗日战争中的李约瑟博士"，载《抗日战争研究》1997 年第 2 期。

中山大学天文台重返工作轨道尽了最大的努力。[1]

在战局动荡、举步维艰的特殊时期，富有理论知识与实践经验的邹仪新教授一直与中山大学数学天文系同在。在中山大学迁至云南澄江的天文研究所中，她创建了中国西部的第一座天文台，从事测算彗星轨道、证解赤道仪校正法等研究工作。1941 年，日全食带穿越我国中部大部分地区，是一次三百年一遇的观测机会。在中山大学迁址粤北坪石后，为了迎接这次日食，刚迁至坪石的数学天文系积极筹备，中山大学天文台成为这次日食东南部的观测组，经验丰富的邹仪新老师带队，严密地组织了 1941 年 9 月 21 日的日全食观测，覆盖了黄河、长江流域与西部广阔地区，组成北、南两个观测队，摄取日洱和日冕的照片，拍摄日全食电影，观测日食发生时的天空亮度，观察日食发生时对地磁的影响等，获得了非常珍贵的天文资料，并出版了此次观测的研究报告。李约瑟到来后帮助她把观测电影转播到英美等国，外国观众为之振奋，并把观测的研究报告翻译成英文推荐到国际天文学期刊发表。[2]李约瑟还拍下了邹仪新与中山大学天文台的珍贵照片。

三、李约瑟与中山大学农学院

1944 年 4 月，李约瑟来到中山大学农学院（华南农业大学的前身）进行学术考察，主要就中国农学科技史问题和该院的专家学者进行了座谈交流，与时任院长邓植仪教授以及水稻学家丁颖、林学家侯过、植物学家蒋英等一起对中国古农书和古

---

〔1〕 郭贵春："我记忆中的李约瑟博士和鲁桂珍女士"，载《科学技术哲学研究》2019 年第 1 期。

〔2〕 道朗："交响乐的一个'音符'——李约瑟对中国抗日大后方的科学考察"，载《玉林师专学报》1996 年第 4 期。

代农业技术进行了深入讨论和探索。同行的毕丹耀博士做了题为《英国战时农业研究》的演讲，受到中山大学农学院师生的热情欢迎。

中山大学农学院位于距离栗源堡 20 公里的地方，李约瑟前往拜访了蒲蛰龙教授、李翠英教授，他们在之后的岁月里都成了中国控制虫害生物应用的先锋。李约瑟考察农学院时很受震撼，这里有很多有趣的研究工作正在进行中，有他"终生不能忘记的"事情：在广东坪石中山大学，他看到蒲蛰龙教授正在从事运用生物学的方法用于控制害虫的开拓性研究，这给他留下了"特别深刻的印象"。[1]

李约瑟还与正在潜心研究中国古农书、刚过而立之年的中山大学农学院图书馆工作人员梁家勉倾谈，梁家勉就古农书词语的理解和古代文献的名词提出了独到的科学见解，他后来成为中国徐光启农学理论研究的知名专家。他渊博的中国古农史知识和精湛的学术见解深深地吸引了李约瑟，李约瑟对有着渊博的中国古农史知识的年轻学者梁家勉予以热情鼓励和关怀，并向中山大学校长盛赞他的才识与成就，建议为他配备助手和增拨研究经费，其品德之高尚令人感动。[2]

李约瑟与中国农业史学者和农史研究机构长期保持着密切的交流和友谊，他先后共八次到华南农学院进行学术交流，1977 年 5 月，李约瑟和鲁桂珍赴华南农学院（今华南农业大学）会见梁家勉、赵善欢等教授，参观该校图书馆的"中国古代农业文献特藏室"。1955 年成立的特藏室承担着当时我国农业历史

〔1〕［美］黄兴宗："李约瑟博士 1943—44 旅华随行记"，载李国豪、张孟闻、曹天钦主编：《中国科技史探索》，上海古籍出版社 1982 年版，第 64 页。
〔2〕许立言、叶晓青："抗战时期李约瑟在中国的科学活动"，载《自然杂志》1981 年第 9 期。

遗产文献收集的历史使命，通过有计划、有步骤的广泛搜集，从最初的寥寥无几的文献发展到 1977 年的近 6 万册，成为国内同类单位中藏书量最多的农业历史遗产文献藏书馆，且有不少珍本、抄本和稿本，为国内外科学史家所瞩目。[1]

李约瑟的一些科技思想一直对中国学者产生着深刻的影响，比如，重视科技与文明互动、不同国家文明间的交流以及历史对现实启示的思想等。20 世纪 80、90 年代以来，中国学者自主编纂的《中国农业文明史》，其中对外国农作物西物东渐和本土化进程的研究、对农业发展与环境变迁关系的研究以及传承和利用中国优秀农业技术以服务于可持续发展的思路，均与李约瑟的学术理念一脉相承。[2] 1993 年，鉴于李约瑟长期致力于推进中英文化友好交流，对中国科学史作出的卓越贡献，以及与中国人民的深厚友谊，他当选为首批"中国科学院外籍院士"。[3]

四、李约瑟与法学院经济学系的王亚南

李约瑟考察迁址坪石镇的中山大学期间，与中山大学经济学系教授兼系主任、著名经济学家王亚南进行了两度长谈。两人也许都不曾料到，两个普通夏日晚上的长谈，会对两人的研究生涯都产生深刻影响，甚至在中国的历史上留下话题。[4]王亚南对这位来自西方科技发达国家的学者表现出特别的热情，

〔1〕 刘晓萍："李约瑟《中国的科学与文明》与中国农学西传"，载《农业考古》2019 年第 4 期。

〔2〕 吴蕙仪："'李约瑟的知识遗产'学术研讨会述要"，载《中国科技史杂志》2015 年第 4 期。

〔3〕 刘晓萍："李约瑟《中国的科学与文明》与中国农学西传"，载《农业考古》2019 年第 4 期。

〔4〕 张兴国、张兴祥："'李约瑟难题'与王亚南的中国官僚政治研究"，载《广东社会科学》2003 年第 2 期。

对他提出的关于中国科学技术史的重大问题感到浓厚的兴趣，两人共同探讨了许多新颖的学术问题。

一个炎热的夜晚，在广东坪石河旁一个阳台的烛光下，李约瑟与王亚南先生讨论中国封建官僚社会的实质。在香烟的雾气中，李约瑟和王亚南谈古论今、旁征博引，相互探讨中国的历史文化。李约瑟"并非仅仅着眼于史料的发掘和整理，而是把科学史同社会思想发展史、社会经济发展史有机地联系起来，把他所研究的对象提升到认识论的高度和社会根源的深度来阐发"。他"既注重科学发展的内因，又强调社会、经济因素的外在影响"。从李约瑟《中国科学技术史》全书的编写来看，在出版的最后一卷也即总结部分，他对传统中国文化进行了社会和经济结构的深层探究。

临分手时，李约瑟灭掉手中的烟头，望着停泊在河边码头随波浪起伏摇晃的船只，冷不防向王亚南请教中国官僚政治的问题，希望他从历史与社会的角度，扼要解释古代中国封建官僚社会的实质及其对中国社会发展的影响。作为对李约瑟当年所提问题的答复，后来王亚南撰写了 17 篇这方面的论文，在上海《时与文》杂志上连载，文章中的观点与思想在当时受到知识界的普遍关注。[1]

五、李约瑟与哲学系

1944 年 5 月，李约瑟在坪石栗源堡中山大学哲学系聆听中国当代著名哲学家、哲学史家、宗教学家、中外思想文化比较学家朱谦之关于道教思想的阐释，了解到旧儒教的部分教义精髓。李约瑟还在广东曲江的茶馆里与吴大琨教授探讨社会学发

---

〔1〕 王国忠：《李约瑟与中国》，徐迓亭校订，上海科学普及出版社 1992 年版，第 364 页。

展的新趋向。

时任中山大学哲学系系主任的朱谦之邀请李约瑟在哲学系的课堂上进行了几期中西方科学哲学史的讲座，李约瑟分析说中国古代没有完善的形式逻辑思想，很难产生严密的理论武器。西方科学的发展以两个伟大的成就为基础，那就是希腊哲学家发明的形式逻辑体系以及发现通过系统的实验可以找出的因果关系。因此，我们可以推知古代中国是不具备"形式逻辑体系和通过科学实验发现因果关系"这两个基础的，所以近现代科学没有在中国产生，中国古代的一切技术只能归结为经验技术，而非科学技术。[1]

笔者在此也对李约瑟所提的科学技术难题进行一个解释，李约瑟在哲学系课堂上讨论的问题涉及中国古代科学技术的论述可以说是不够准确的，应该说这些都是中国古代的经验技术，而且从公元前2世纪到公元16世纪，中国的经验技术在世界上是远远领先于世界的。

他讲述的另一个主要观点就是中国儒家思想对科技发展的影响基本上是消极的和负面的。李约瑟的这一观点后来在他的《中国科学技术史》（第2卷·科学思想史）中明确指出："在整个中国古代历史上，儒家反对对自然进行科学的探索，反对对技术做科学的解释和推广"，"它对于科学的贡献几乎全是消极的"。儒家从思想上提倡和维护等级制度，大搞"罢黜百家，独尊儒术"等学霸作风，东亚知识分子深受儒家思想文化的影响，既盲目追求"面子"、等级身份，不愿意承认学术错误，又盲目崇信权威，这就使得中国人在近代乃至现代科学技术上难以获得进步。他又指出，反权威的勇气与思想意识要在民主制

---

[1] 胡升华："李约瑟与抗战时的中国科学"，载《科学》1994年第6期。

度的基础上建立，民主制度的建立对于民主意识的形成又是一个互相促进的关系，而中国古代、近代一直到中华人民共和国建立前都不具备该民主制度因素。[1]

由于儒家思想在中国古代社会中长期居于重要的地位，因此我们有必要对这一问题再作一点深入的讨论。李约瑟的《中国科学技术史》（第2卷·科学思想史），实际上主要是一部中国自然哲学史，李约瑟以他所特有的西方哲学和现代科学的眼光，运用东西哲学比较和古今科学比较这两种比较研究的方法，对中国古代自然哲学的基本属性、思维范式、哲学影响以及科学意义等问题进行了深入的独到研究。他由此所形成的一套中国自然哲学观，对于我们正确认识和开发中国古代自然哲学资源具有重要的借鉴意义。[2]

六、余论

在华南教育历史研学项目启动的今天，研究李约瑟与战时的中山大学，既是一件快事，亦有一丝遗憾。快事是其研究有助于更好地认识李约瑟的知识遗产，理解其继承与沟通东西方文明的学术价值与重要性，这依然是中国科技哲学史研究者的必由之路。李约瑟院士抗战时在中国近四年，其行程漫远、内容宏富的科学调研及宣传活动，充分显示了他对中国人民深厚的感情。李约瑟从伟大的中华民族不屈不挠的抗争中看到了莫大的希望，无论是在他的文著中，或是他回国述职及向英国科学界宣讲中国战时科学成就的报告中，都尽力如实地介绍了中

---

〔1〕 童鹰："论李约瑟的中国自然哲学观"，载《自然辩证法研究》1998年第11期。

〔2〕 林德宏："李约瑟的道路——庆贺李约瑟博士90寿辰"，载《哲学研究》1991年第1期。

国科学家艰苦奋斗，不断为人类的科学发展作出贡献的实况。

同时，进行此项研究也是近 20 年前笔者在湖南大学读研求学时的一个愿望的实现。记得老先生许康教授解读中国科技管理史时，引发了一次中西对比研究的分析，他指出李约瑟成了中西方"科技史"的代名词，尤其是对于中国学者影响巨大，研究科技史，就必然绕不开对"李约瑟难题"的讨论。他讲述李约瑟在抗战时前往湖南南部（现坪石栗源堡）考察中山大学，我听后怦然心动，出生于湘南，大学毕业后一直在湘南从事教育研究工作，其事并不知晓，才疏学浅，如有时间定要对其人其事进行稽考叙录。现今华南教育历史研究基地的建设，挖掘李约瑟与战时中山大学的学术交流历史，既有助于抗战时期广东教育与科研的传承，也遂了我的一个夙愿，尽管耗时一月有余，仍感觉颇为快慰。

但是由于时间及疫情期实证考察区域的限制，如此有意义的主题论证研究主要来源于百度文库、知网文摘及家中藏书，实证研究比较匮乏，因而又有些许遗憾。

中山大学社会学系坪石办学
历史及其启示

陈 彬[*]

摘 要：抗战期间众多粤港澳的高校与中小学陆续迁移至粤北办学，尤其是坪石、连县（今连州市，下同）成为抗日战争时期的教育重镇，中山大学、岭南大学农学院、培联中学等院校在这里坚守至 1945 年。粤北大后方为延续教育火种厥功甚伟，也正因众多师生的坚忍、守护与对未来的期许，成就了广东繁荣的今天，也创造了港澳教育的辉煌。中山大学社会学系从 1940 年 6 月至 1945 年 1 月于乐昌市坪石镇办学，历时不过四年有余。追寻当年中山大学社会学系那一群先生和学生在坪石活动的脚踪，试图尽量接近那些平凡而伟大的灵魂、还原那段短暂又特殊的历史，并于历史深处找寻那一代人的风骨与精神，再据此联系到韶关学院社会工作专业来发挥一些遐想，目的不仅在于阐发社会学与社会工作专业是内在关系之学理议题，也想借此来谈谈韶关学院乃至粤北地区社会工作事业发展之现实主题。

关键词：中山大学；华南教育；坪石；社会学；社会工作

---

* 陈彬，1975 年生，男，湖南省沅江市人，韶关学院政法学院副教授，社会学博士。研究方向：社会学理论、民间组织研究与社会工作研究。

前　言

重温一段历史，再现一种精神；探幽自故地遗迹，启示于当代事业。自 1938 年 10 月广州沦陷后广东省政府迁至曲江县城韶关（后期迁平远县大柘镇）至 1945 年 9 月抗日战争胜利结束近八年时间里，许多穗、港、澳的公、私立大、中学校辗转迁至粤北各地，于是文化教育一向落后的粤北山区，顿时呈现出一派教育繁荣的景象，成为抗战时期的重要教育中心，对保存与延续华南教育功不可没。[1]其中，有幸成为抗战时期中山大学临时办学驻点的粤北边陲小镇坪石值得一提。历史上曾被誉为广东八大重镇之一、素有"广东北大门、岭南第一镇"之称的乐昌市坪石镇，地处岭南山脉的南麓，位于武江的上游，与湖南宜章县相邻，素来为乐昌市北面地区的经济、文化、金融中心。其实，它也是一个旅游城镇，最著名的旅游景点莫过于具有广东省八大风景之一美誉的金鸡岭了，因该岭的西北峰顶有座巨石，貌似雄鸡，昂首北望，引颈欲啼，故而得名。但谁能料到，这一片崇山峻岭之中竟然藏着一段可歌可泣的高等教育办学传奇，这个偏远粤北小镇居然也承载过一把在战乱时期延续华南教育的宝贵火种。穿过重重缭绕山雾，踏上坪石古镇青石板路，我们的思绪仿佛回到了战火纷飞的抗日战争年代。作为韶关学院社会工作系的专任教师，笔者愿意追寻当年中山大学社会学系那一群先生和学生在坪石活动的脚踪，试图尽量接近那些平凡而伟大的灵魂，还原那段短暂又特殊的历史，并于历史深处找寻那一代人的风骨与精神，以此引发当下的思考：当前韶关学院社会工作的专业发展与学科建设能从中山大学社

---

〔1〕 参见杨发麟："抗战时期在粤北的穗港澳学校"，载 http：//www. nanyueguyidao. cn/viewmessage. aspx？messageid＝8645，2020 年 5 月 1 日访问。

会学系坪石办学四年历史中汲取哪些有益经验？获得何种启迪？本文就此做一些初步探索，权当引玉之砖，祈望各位专家学者指正。

一、回眸历史：那些人、那些事与精神遗产

1938 年 10 月 21 日下午 3 时 30 分，日军侵占广州市政府，广州沦陷。在广州石牌的中山大学奉命西迁。10 月中旬，校本部初迁罗定，后改迁广西龙州，中途又奉命迁入云南澄江定址。当时就读于中山大学各院系的师生，一部分从汕头、港澳，经法属海防、河内转入滇，一部分在广州参加集训的师生，从广州辗转粤北连县，经广西入滇。至 1939 年 2 月底，包括文学院、法学院、理学院、工学院、农学院、医学院、研究院，以及师范学院等在内的师生，基本全部迁往了云南澄江，各学院于 3 月 1 日正式开学。

1939 年下半年，在澄江的中山大学师范学院爆发学潮，事件起因系学院院长崔载阳，利用 CC 派系学生，打压爱国民主教授、师生，致师范学院 16 位教授联名罢课，要求撤换崔载阳。中山大学时任校长邹鲁不在校，校务由校长室秘书肖冠英代理，其以"维护学业"免去崔的职务后，另委范奇代理，遭到 CC 派师生的反对，由此引发"挽崔拒范"学潮。1940 年春，国民政府教育部长陈立夫至昆明视察，为排挤、打击地方实力派邹鲁等人，他在中山大学找到一批 CC 派教授、学生，策划"倒邹"运动，由此引发包括中山大学文、理、工、法、农各学院更大的学生罢课学潮。

1940 年 4 月，邹鲁向国民政府教育部请辞，被批准。于是，学潮转向陈立夫与朱家骅之间的明争暗斗，中山大学师生强烈要求保持中山大学学术自由传统，反对具有浓厚政治色彩的人

接手中山大学，在此情况下，教育部只好任命许崇清代理中山大学校长。

鉴于滇南百物昂贵，师生常受无米之炊的威胁，又因中山大学远离广东，对中山大学不利，时值第四战区所在地曲江抗战文化运动兴盛，1940 年秋，一批在中共影响下的爱国进步人士，也积极支持将中山大学迁回广东，并希望中山大学在粤北与桂林呼应，开展进步文化工作，进而把中山大学办成文化运动的基地，于是在许崇清主持下，中山大学自云南澄江迁至粤北坪石。

从 1940 年 7 月起，包括中山大学校本部在内的文学院、法学院、理学院、工学院、农学院、医学院、研究院陆续迁入乐昌坪石。其中，中山大学校本部与研究院迁入坪石老街，文学院设在坪石铁岭，法学院迁入坪石武阳司，工学院迁入坪石三星坪，理学院设在坪石塘口，医学院迁入乐昌县城外河南水，师范学院设在乳源县管埠……

1941 年春，迁到坪石后的中山大学各学院陆续开学，各学院虽居住分散，生活艰苦，但广大师生因陋就简，努力从事教学与科研，在迁校的当年就有 415 名学生毕业。为弥补学校教研师资，许崇清聘请了一批进步学者到校任教，他们宣扬抗战，抨击时政，主张政治民主，提倡学术自由，推动了中山大学政治民主运动与学术讨论的发展。期间，中山大学还先后邀请了包括陈寅恪、杨东莼、郑德鸿，英籍贾慧宜女士、美籍访华教授葛德石、英国都伦大学雷威克教授等国内外知名人士来校讲学，为中山大学开展海内外学术交流打开了一道大门。[1]

---

〔1〕 参见罗奕麟："中山大学在坪石 硝烟中的'象牙塔'"，载 http://sg.wenming.cn/wmbb/201508/t20150825_ 1936429.html，2020 年 5 月 1 日访问。

以上是历史大背景，接下来让我们聚焦于中山大学社会学系。中山大学社会学系始建于 1931 年 8 月，属于当时的中山大学文学院，中山大学文学院是由前广东高等师范的文史、英语、社会科学三部分改组为广东大学的文科，再改组为中山大学的文史科，并更名为文学院。[1]社会学系是在时任校长许崇清的大力支持下增设而成的，黄文山教授被聘为社会学系首任系主任（1931 年度下学期改为历史学教授周谷城担任）。后来根据国民政府教育部在 1939 年 5 月颁布的《专科以上学校行政组织规程暨大学各学院所属学系订正名称》的规定，中山大学行政设立教务、训导、总务三处。订正后的院系名称是：

文学院：中国文学系、外国文学系英文组、哲学系、历史学系。

法学院：法律学系、政治学系、经济学系、社会学系。

理学院：数学天文学系、物理学系、化学系、生物学系、地质系、地理学系。

工学院：土木工程系、化学工程系、电机工程系、机械工程系、建筑工程系。

农学院：农学系、森林学系、农业化学系、蚕丝学系、农业经济系、畜牧兽医系。

医学院：不分系。

师范学院：教育系、公民训育系、国文系、英语系、史地系、数学系、理化系、博物系。

研究院：文科研究所分设中国语言文学部和历史学部，师范研究所分设教育学部和教育心理部，农科研究所分设土壤学

---

〔1〕 李文波等：《传承与发展：纪念中山大学社会学系建系 80 周年、复办 30 周年》，社会科学文献出版社 2011 年版，第 17~18 页。

部和农林植物学部，医科研究所设病理学部。[1]

　　自此，社会学系被调整划入法学院。是故，中山大学社会学系史才有了"文学院时期的社会学系"（1931年~1939年）与"法学院时期的社会学系"（1940年~1952年）的发展分期。当然实际情况是，由于当时法学院的地址容不下新系，社会学系其实是在1940年6月中山大学迁到粤北坪石新址之后才正式并入法学院的。1945年1月22日，韶关沦陷，中山大学师生纷纷疏散，于是校本部和各院分别转移到东江地区和连县，至抗战胜利后才迁回广州。中山大学社会学系坪石办学期间即从1940年6月至1945年1月，不过四年有余。法学院时期的社会学系历经了战时和战后的辗转和复原，在学科建制上取得了蓬勃的发展。先看当时的教职员情况。1941年5月26日的《中山大学日报》校闻栏目发表了《黄文山先生长法学院》消息："法学院院长前由许校长自谦，现许校长无暇兼顾，已另出黄文山先生为社会学系教授兼该院院长。"黄文山是著名的社会学家，许崇清于1931年度任代理校长时创办社会学系，黄文山教授就是首任系主任。以1943年度社会学系教员名单来看，共有教师11名，其中教授9人，副教授1人，专任讲师1人，可知教师结构并不均衡，高级职称比例很高，但中级职称比例太低，人才梯队建设不理想。令人惊讶的是，11名教师中有8名在国外（英、美、法、日）留过学且取得了学士、硕士甚至博士学位。若依当今话语表述之，即当时社会学系教师中的"海龟"比例高达73%，可谓师资阵容强大。从教师负责课程情况可知，教师们开设的课程涵盖了社会学理论、中国与西洋社会思想史、

---

　　[1]　参见黄义祥："民国时期的国立中山大学"，载广州市政协文史资料委员会编：《羊城杏坛忆旧》，广东人民出版社1998年版。

中国社会史、社会研究方法、社会统计学、社会心理学专题、都市社会学、社会经济学等社会学专业核心课程与一般选修课程，也看得出一些课程乃结合开课教师的研究专长而设，如日本社会研究、家庭制度、社会经济史、国际问题与民族问题、近代社会运动等课程。当然，其中还有一些看似与一般社会学专业培养计划不太吻合的课程，如日本翻译习作、都市行政、社会立法等。[1]但瑕不掩瑜，尤其是考虑到在当时特殊的战乱时期还能够建设出一套如此完备的课程体系，我们不得不感叹当年社会学学科建设之强大、社会学师生教研求学之严整！条件艰苦之下而依然筚路蓝缕，兵荒马乱之中却不失内心宁静，此乃何等坚毅之品格、恬淡之精神呀！

自 1938 年 10 月 21 日广州沦陷，学校三次大迁徙，颠沛流离艰辛办学期间，法学院及其各系每学年在校学生人数，缺失具体资料，未有详细统计。法学院时期的社会学系学生情况也只有一些零星统计数字。如 1942 年第一学期社会学系注册的学生一至四年级共 122 人，男 92 人，女 30 人；第二学期一至四年级共 120 人，男 88 人，女 32 人。[2]当然，我们无从得知坪石办学四年期间所有的社会学系学生人数之确切数据，仅从上述一年度的数据观之，平均每年就读社会学专业的学生人数约为 30 人，就是放在当下来比较，这个招生规模也不算小了。更何况，就笔者所知当前中国大部分高校社会学专业生源其实大多非第一志愿而录，其中还有相当一部分是从别的专业调剂而来的。

---

〔1〕 李文波等：《传承与发展：纪念中山大学社会学系建系 80 周年、复办 30 周年》，社会科学文献出版社 2011 年版，第 55 页。

〔2〕 李文波等：《传承与发展：纪念中山大学社会学系建系 80 周年、复办 30 周年》，社会科学文献出版社 2011 年版，第 57 页。

尽管战事纷扰，迁徙频繁，法学院时期的社会学系师生还是保持了一贯的学风传统，坚持开展了一系列的社会调查实践活动，如 1944 年着力进行的坪石镇人口普查等调查活动。除此之外，社会学系师生还进行了"石牌郊区生活调查""广东工商业调查""广东劳动调查"等。[1] 囿于原始史料的缺失，我们无法得知当年社会学系师生开展社会调研的具体过程及其所遇挑战，也无从探究调研成果的详细内容及其所呈学术水准。我们仅能透过所掌握的几份有关坪石办学四年期间社会学系的社会调查计划、调查申请、经费预算等原始材料，管窥一豹式地了解当年艰苦条件下的社会调查状况。我们先看一份"1941 年社会学系调查实习计划大纲"，如下：

1941 年社会学系调查实习计划大纲

一、调查性质：本调查系为本年度社会调查班学生之实习调查，其目的重在各种调查方法之练习与初步调查经验之获得。

二、调查对象：此项调查拟以坪石近郊之村生活为社区调查之实习对象，坪石之犯罪案件及省赈济会之少额放款为个案调查之实习对象，此外亦拟观乐昌之儿童保育院、妇女生产团，及韶关之社会服务处济院统计室等。

三、调查时期：拟于本年度第二学期开始时举行调查，于学年终结束。

社会学专业与其他人文社会科学专业的其中一个相同点恐怕在于都关注人类命运与历史走向，皆力促人性完美与社会进步，只是各自视角、所用方法、经由途径等存在分殊罢了。故，

---

[1] 李文波等：《传承与发展：纪念中山大学社会学系建系 80 周年、复办 30 周年》，社会科学文献出版社 2011 年版，第 65~66 页。

社会学专业相比其他专业所具最显著的一个特点便在于其十分看重社会调查方法。社会调查方法虽并非社会学专业的独门绝技，却完全称得上社会学专业的看家本领。因此，社会学专业培养计划中无一例外地规定学生除了在课堂上学习有关社会调查的方法论、研究方法与具体技术，还需一定时数的课外调研实习，目的之一就是让学生在实际社会调研中去真正掌握各种调研的流程、方法与技巧，另外还可切实增进学生对于现实生活与社会现象的理解与体悟，反过来也有益于学生理解课堂所学相对艰深之社会学理论。这份当年的社会学系调查实习计划大纲虽显简略，但也不失明确，对于调查的性质、对象与时间阐述比较精当。尤其我们仔细分析其关于"调研对象"的描述，对象均为当年办学地点周边的现实生活与社会现象（如某村生活、坪石之犯罪案件、省赈济会之少额放款、乐昌之儿童保育院、妇女生产团以及韶关之社会服务处济院统计室等），足见社会学专业关怀现实、经世致用的风格。

我们再来看两份调查申请表，如下所示：

1941年社会学系湘省实地调查申请书

为拟出发湘省调查社会实地情况商请刘渠教授为本团领队及造具旅费概算表一份补呈察核事　　窃生等前拟出发湘省调查实地情况备文呈请

钧座转呈　校长恳予核发考察费用在案顷奉丘秘书面谕尚须商请领队教授一人，并详查舟车费数目，列具预算，报由校核，给补助半数，呈候核夺等因。奉此，兹拟请刘渠教授任本团领队，随时指定研究。考察期限定为十天。至于旅费一项，详经预算，为一三二四元。只以生等家境皆属贫寒，实无力担负，愚折钧座体察战时经济困迫情形，准予全额补助。为此造具预算表一份呈请。察核并恳迅于批示，只遵至为学便。

谨呈院长　　许

社会学系四年级全体同学谨呈

五月一日

班代表：舒乃安

附：1941 年社会学系外出调查申请及经费预算、人员安排等

事由：为出发湘省调查造具预算书呈请发给津贴二千元由

窃以社会学科之知识一面固在于书本之精求，以毕习前人之论述，一面尤在于实地情形之调查，以作学理上之参证。是以本系特设社会调查一科以研讨社会调查之种种方法，意深旨远，良有由也。现生等二十余人毕业，本校社会学系已历四年文字知识，虽已略具端倪，而社会实情则仍少所探悉。生等为求实地知识计拟组织社会调查团出发长沙、衡阳、岳阳等地调查，为期拟为两星期之久，盖以长沙为战争要冲，衡阳是西南交通枢组，岳阳属湘省政治中心。该三地之情形，实足以代表故时中国社会之种种。且地当要汉铁路线上，交通方便，团体往返颇易为功，顾以战时物价高涨，生多为贫案学生，平时消费已属拮据，调查费用更难筹措，为此屡述缘由，造具预算书备文呈。

钧座察核恳予发给津贴二千元以完成生等调查素志，实为校便。

谨呈

系主任：胡　转呈

代院长：胡　转呈

校　长：许

1944 年社会学系调查申请书

窃本会所隶之社会学系三年级全体会员，本年度修有社会调查一科，除理论之讲述，尚需实地调查以学致用，谋社会改良之参考。查该项调查经费向由校方拨发，顷闻系方已具文呈请。本会应社会学系三年级全体同学之请，据述"因本年度下学期开学已将一月，按之校历时间只余三个月，按课程进行已实地进行调查之期，唯恐经费拨发较迟，无时间进行该项切要之工作等因"，据此理合具文，呈请早日拨发是项经费，实为学便。临呈不胜迫切待命之至。

谨呈校长　张

法学院社会学系谨呈

三月十八日

由于缺乏更多相关原始史料的支撑，我们无法确知这两份调查申请书提出的背景、所依具体规程、申请与审批程序等更多情况，仅能以此窥知一二：①两份调查申请书皆由学生提出（第一份是大四学生、第二份是大三学生），或许可以推知当年社会学系青年学子们在学习上积极向上与主动钻研之态度，尤其是已近毕业的大四学子仍然求知若渴，希望能够从学校再谋一次锤炼所学社会调查方法技能的机会（如申请书中所言：现生等二十余人毕业，本校社会学系已历四年文字知识，虽已略具端倪，而社会实情则仍少所探悉。生等为求实地知识计拟组织社会调查团出发长沙、衡阳、岳阳等地调查），更是能彰显那种身处战乱仍心系学术之精神；②从两份调研申请书所陈之理由观之（一份言"窃以社会学科之知识一面固在于书本之精求，以毕习前人之论述，一面尤在于实地情形之调查，以作学理上之参证。是以本系特设社会调查一科以研讨社会调查之种种方法，意深旨远，良有由也"。另一份曰"窃本会所隶之社会学系三年级全体会员，本年度修有社会调查一科，除理论之讲述，尚需实地调查以学致用，谋社会改良之参考"），当年社会学系专业学子对于社会学理论与调查方法的逻辑关系、社会学专业的社会功能等理解比较深刻、相当到位，我们不得不叹服他们那种专业求真、服务求实的精神。

我们继续品读一下下面这份"社会调查团经费预算书"，可谓事无巨细一一列出，言语朴实明白易懂，很难相信大四学生能编制出如此计划周密、预算合理、计算准确的调查经费预算书。当时社会学系专业学生在社会调查方面的专业程度略见一斑，另一方面也折射出学子们科学严谨、实事求是的优良品格。

社会调查团经费预算书

（一）由武阳司至坪石火车站，行李十一挑（每同学二人合行李一挑，领导教授一人一挑），每挑工价以四元计，合共需国币四十四元整。

（二）由坪石站至湘潭板塘铺站三等火车票二十一张（同学二十人，教授一人），每张价十二元六角，合共需国币二百六十四元六角。

（三）由坪石站至湘潭板塘铺站三等卧车铺票二十一张，每张价平均以三元计，合共需国币六十三元。

（四）由衡阳站至城内旅馆行李十一挑，每挑以一元计，合共需国币一十一元。

（五）由衡阳站至衡阳西岸行李十一挑，每挑以一元计，合共需国币一十一元。

（六）由板塘铺站至湘潭轮船码头行李十一挑，每挑以一元计，合共需国币一十一元。

（七）由湘潭至长沙轮船码头，船票二十一张，每张价二元计，合共需国币四十二元整。

（八）由长沙小西门码头至旅社行李十一挑，每挑以一元计，合共需国币一十一元。

（九）伙食费：预计考察时间为两星期，每人每日以二元计，全班合计每天需国币四十二元，两星期共需国币五百八十八元。

（十）住宿费：每人每天以一元五角计，全班每天需国币三十一元五角，两星期共需费四百四十一元。

（十一）急救医药费共二十元。

（十二）社会学系调查团旗帜一面约十元。

（十三）交际用信纸信封约六元。

（十四）摄影卷片二卷约需国币十八元。以上（一）至（八）项共需国币四百五十七元六角，合计共需国币九百一十五元二角。（九）至（十四）项共需国币一千零八十三元整。总共合计需国币一千九百九十八元二角整。

法学院社会学系四年级学生：舒乃安、郑松焕、徐济东、张固元、尹日滔、杨柏檀、邓淮、黄维静、郑振蔡、刘锦添、梁佑尧、罗梓荣、袁友兰，郑惠可、李文澜、吴启东、陈丽群、林之纯、陈耀祥、钟士民　谨呈

1945 年 1 月 22 日，韶关沦陷，中山大学师生纷纷疏散，于是校本部和各院分别转移到东江地区和连县，至抗战胜利后才迁回广州。此后，中山大学社会学系历经 1952 年高校院系调整合并了岭南大学社会学系、1953 年社会学系遭停办达 30 年之久，1981 年经教育部批准社会学专业得以复办并恢复成立社会学系，2004 年中山大学在政治与公共事务学院下分社社会工作系，2006 年社会学系与社会工作系合并改名为社会学与社会工作系，2008 年社会学与社会工作系与人类学系合并组建为中山大学社会学与人类学学院，再经十余年的快速发展，如今的中

山大学社会学学科实力大增，已经跻身于国内社会学学科第一阵容，更是华南地区社会学学科的领头羊。[1]

二、历史启示：从社会学到社会工作的遐想

"四年时间"若搁于历史长河之中，只能算作极短的一瞬间，但它于粤北坪石小镇发展历史而言，却关系甚重且意味深长。毕竟，包括坪石小镇在内的整个粤北地区在经历了唐宋时期的辉煌之后，随着文化重心由北向南的转移，粤北文化教育从南宋开始呈现式微的态势，自那时迄今粤北文化教育的发展相对缓慢。[2]抗战期间众多粤港澳的高校与中小学陆续迁移至粤北办学，尤其是坪石、连县成为抗日战争时期的教育重镇，中山大学、岭南大学农学院、培联中学等院校在这里坚守至1945年。粤北大后方为延续教育火种厥功甚伟，也正因众多师生的坚忍、守护与对未来的期许，成就了广东繁荣的今天，也创造了港澳教育的辉煌。但也不得不承认，此段办学历史并没有给粤北带来一次文化复兴与教育重振，个中缘由，笔者无力

---

〔1〕 教育部学位与研究生教育发展中心组织开展的第四轮教育部学科评估结果显示，中山大学的社会学学科为 B+，评估等级稍逊于北京大学、中国人民大学、清华大学、南京大学、上海大学、复旦大学的社会学学科。参见"解读第四轮学科评估之社会学排名"，载 https://www.sohu.com/a/213384291_ 119719，2020 年 5 月 1 日访问。

〔2〕 唐宋时期，粤北人文彬彬之盛甲于岭南。唐代，粤北产生了一批杰出的文化英才，如张九龄、刘轲、邵谒、刘瞻、孟宾于等人，都是此前岭南历史上不曾出现的优秀人物。他们的横空出世，引领了古代岭南文化的发展。其中的张九龄、刘轲，与在粤北发明禅宗的六祖慧能、宋代粤北的名臣余靖以及明代新会的理学家、珠玑移民后裔陈献章等人，一同造就了古代岭南文化的巅峰时期，并在中国文化发展史上占有一席地位。有宋一代，粤北十分重视发展文化教育，府、州、县学有了较大发展。进士的人数、比例几乎占据了广东全省的 80%。南宋至明清时期，与广州地区相比，粤北进士所占比例持续下降。参见"唐宋元明清时期粤北的文化教育"，载 https://www.meipian.cn/2180g5z5，2020 年 5 月 1 日访问。

深究。作为韶关学院社会工作系的专任教师，笔者仅拟从中山大学社会学系坪石办学这段历史中所获的一点启示，再据此联系到韶关学院社会工作专业来发挥一些遐想，目的不仅在于阐发社会学与社会工作专业是内在关系之学理议题，也想借此来谈谈韶关学院乃至粤北地区社会工作事业发展之现实主题。

众所周知，社会学这门学科诞生的标志是法国的哲学家和思想家奥古斯特·孔德在1839年出版的《实证哲学教程》中提出"社会学"一词。其实孔德最开始是将这门学科命名为"社会物理学"（Social Physics），只是他怀疑别人先一步"盗用"了"社会物理学"这个术语，才将其改为"社会学"。学科最初的命名"社会物理学"和孔德关于这门学科的性质的理解是吻合一致的。因为孔德所要建立的这门科学正像物理学研究自然现象那样对社会现象进行研究。孔德认为，这门科学不仅在经验的方法上，而且在对事物的认识和理解上，以及在服务于人类的功能上，都应当仿效自然科学。它不仅能解释人类的过去；而且能够推测社会发展的未来。[1]孔德认为，社会学的研究可以分为两大部分：第一大部分叫作社会静态学，是研究整个社会如何依照社会法则，由不同的部分或单位所组成的。换言之，它主要研究社会结构或社会秩序。孔德认为社会秩序是建立在社会成员们的共识上的，大家必须要有一种"普遍的共识"（consensus universal），才能够将社会的诸多成分贯穿联结起来。对孔德而言，"普遍的共识"是社会团结及社会分工的基础。社会结构或社会秩序有三个面向，即个人、家庭与社会。其中尤以家庭最为重要，它是社会结构最根本的单位。正是在家庭内部，个人的利己主义倾向才有可能被抑制，学会"为他

---

〔1〕 贾春增主编：《外国社会学史》（第3版），中国人民大学出版社2008年版，第24页。

人而生活"。第二大部分则叫作社会动态学，是研究社会变迁或社会进步的。孔德对未来社会充满了乐观，认为未来的社会会越来越好，因此他深信社会进步。根据孔德的预言，社会的发展需要经过三个阶段，先是由朴素、神学式的思想所萌生，历经抽象概念的使用，最终达到实证的地位，迈入科学的时代。在孔德的心目中，研究社会学就意味着必须研究社会静态学及社会动态学，一个是研究社会的结构，另一个是研究社会的变迁，两者相辅相成，缺一不可。[1]

　　社会学学科的诞生与启蒙运动、工业革命和法国大革命等历史事件有因果关联，尤其是法国大革命更是直接催生社会学的重大时代背景。因为法国大革命对当时的社会带来了巨大的冲击，革命后的残破社会，引起了很多知识分子及有识之士的深思。他们企图寻找重建社会秩序的办法及方案，因此刺激了社会学理论的发展。孔德与其他有识之士一样对法国社会在法国大革命之后受到摧残破坏的社会现象，以及陷入无政府的状态深感痛心与失望，于是他把如何重建法国社会当作他终身的职责。据此可知，社会学自创立之初就具有科学实证性、现实关怀性和革命改造性三大品格。科学实证性是指社会学采用类似于自然科学（尤其是物理学）的研究方法，如观察法、实验法、比较法等，尽可能保持价值中立对社会生活与现实现象开展系统的、如实的、客观的分析，并强调所提理论假设或所得研究结论均须得到资料的验证（强验证一般采用演绎逻辑，研究方式为定量研究；弱验证一般采用归纳逻辑，研究方式多为定性研究），因此社会学研究者一般不会宣称自己研究所得理论

─────────

〔1〕　参见"社会学起源：社会学之父孔德，以及'皇后'之学社会学的诞生"，载 https://baijiahao.baidu.com/s? id = 1653937546594662699&wfr = spider&for = pc，2020 年 5 月 1 日访问。

或结论为真理或铁律，而往往持一种审慎、宽容的心态欢迎其他学者的研究检验与批评讨论，社会学思想便永远走在朝向终极真理的路上。现实关怀性则表明了社会学从遥远的过去投射到当下正在发生的社会现象、从盘驻云端的玄思妙想落地为老百姓的活计民生，让社会学与关注历史事件的历史学和侧重终极追问的哲学区别开来。社会学研究所选研究主题通常来自研究者身处的社会环境甚至是研究者本人曾经历过的现实事件（如社会化、现代化、文化冲突、经济转型、权力来源、贫富差距、教育公平、婚姻制度、民俗习惯、犯罪问题、贫困问题等）；所关注研究对象则起因于研究者耳闻目睹的生活经历与悲天悯人的感同身受，甚至可能就是研究者本人所属的社会群体（如农民、农民工、留守儿童、受虐妇女、瘾君子、性错乱者、性工作者、出租车司机、大学青年教师等）。社会学研究者往往要走下象牙塔、迈出书斋，深入现实社会生活中去收集第一手经验资料，期间要直接聆听人们的诉说、近距离观察人们的处境、真切感受人们的心情。革命改造性乃表明社会学研究借由揭示社会运行机制与奥秘的途径而指向其最终目的，即在于唤醒民众（尤其是受压迫、处于弱势地位的民众群体）去认清社会真相并理解自身境遇的社会根源、推动政府出台更为公平的政策与制定比较合理的制度，最终实现民众幸福与社会和谐。改造人性、革命社会的火热目标却更需要冷静的思维、客观中立的分析，故社会学研究要加强其科学实证性与现实关怀性。实际上，社会学的这三大品格相辅相成，为三位一体之关系。

在孔德之后的社会学发展近两百年间，社会学无论是在研究主题、研究方法，还是在理论创建方面都取得了长足进步，社会学研究主题几乎涉及人类社会生活的各个方面，发展至今已经形成了上百个社会学分支学科，因这些分支学科很多都是社会学"侵入"其他人文社会科学研究领域而成的交叉学科，乃至学界有了"社会学帝国主义"谐谑一说。社会学研究方法也日臻成熟，已经具备了一个从三大方法论范式、四种研究方法与若干方法技术的庞大方法体系。社会学理论发展迄今，更是流派纷呈、理论众多却又观点各异。从古典的社会分工论、自杀论、合理化理论、异化理论再到第二次世界大战之后的结构功能论、冲突理论、交换理论、符号互动论、现象社会学、新功能主义、沟通行动论、结构二重性理论、理性选择理论等，每种理论都好似一位盲人，只能把握住复杂社会世界这头大象的一个部分。我们把如此繁多的理论放在更为抽象的层面上，则形成所谓的三大理论范式：以涂尔干为代表的实证主义，以马克斯·韦伯为代表的理解主义和以马克思为代表的批判主义。实证主义社会学对"科学建构"的强调依赖于把自然科学作为社会理论构造的模式，认为科学的目的就在于对现象的因果性作出说明，并在此基础上对现象的未来发展趋势作出预测。由于对自然科学这种因果性、精密性和普遍性的极端追求，许多社会学研究就一直是以数学和统计学为取向的，特别注重量化的研究方法（quantitative research method），并在研究方法上尽量使研究的程序与结果合乎自然科学研究的准则——研究程序的"可重复性"（replicability）和研究结果的"可验证性"（verifiability）。理解社会学研究对象的特性极为重要。他们认为，自然科学的研究对象是没有意识的，不能从事有意义的行动；而社会科学的研究对象则是有意识的行动者。如马克斯·韦伯将社会学定义为：解释性理解社会行动的主观意义，并对其过程和结果予以因果性解释的科学。理解社会学的研究重点是导致人们行动的内在意义，它强调人们应该从日常的、平凡的事物出发，研究人类对社会现象作出的解释以及赋予它们的意义，而不是简单且抽象地寻找类似的自然规律。因为在他们看来，社会学研究首先在于"理解"（understanding），其次才是"说明"（explanation）。理解社会学取向的研究一般较多采用定性研究方法。批判社会学的根源可以追溯到黑格尔的辩证思想。黑格尔认为"思想"对于"现实"应该具有批判性："思想本质上是我们当前事物的否定。"这种否定性的思考方式是黑格尔辩证思想的一个特色。我们之所以能在主体方面或思想上不断地否定现实，促使其发展，是因为在本体上现实是一矛盾的结构，有其变迁发展的潜在可能性。辩证思想系根据内在矛盾及变迁发展的可能性来分析现实世界，所以具有强烈的展望性或未来取向。批判社会学有意识地利用社会与思想之间的这种辩证关系，因势利导，以社会理论来引发社会变迁，如此方能有意识地驾驭历史行程，避免历史漂流的命运，进而实现人类的基本价值与理想。批判主义社会学传统强调社会学研究的"批判"和"解放"功能，认为衡量研究质量的标准不是证实，也不是证伪，而是消除参与者无知和误解的能力，主张对一切现实应持有批判性，通过对"社会"的批判来推动知识的反思性发展，以引导社会秩序的建立。若以上述社会学的三大品格衡量之，则大致可以说：科学实证性之于实证主义理论范式、现实关怀性之于理解主义理论范式、革命改造性之于批判主义理论范式均最为突出。当然，无论是哪个理论、哪种理论范式，相对于具体实践与社会行动而言都是间接的、手段性的。换言之，这些社会学理论的一个共同点在于它们都并不直接参与社会变革，而只是为社会变革提供理论依据或以社会变革为理论目标。但如马克思所言，"哲学家们只是用不同的方式解释世界，而问题在于改变世界"。值得关注的是，在批判主义理论范式中有一种被称之为行动社会学的理论。这在由理论导向实践、知识变为行动的道路上往前多走了一步。

　　作为欧洲声名远扬的社会学学者，阿兰·图海纳在 20 世纪70 年代所构建的"行动社会学"理论，对于将实证主义社会运动研究范式与欧陆传统社会运动研究思路相融合，作出了不小的贡献，尤其是蕴含其中的"社会学干预方法"，不仅为探索社会运动提供了新的路径，更为改进质性研究方法、创新质性研究思路增色不少。在图海纳看来，行动社会学是"主体"通过"社会运动"的方式实现对"历史质的控制"，并在不同行动主体的相互争夺之中重复这一过程，推动人类社会不断向前发展。与过去的社会运动研究者所不同的是，图海纳更强烈地呼吁行动主体们化被动为主动，采取更为积极的姿态去参与社会运动的斗争，去获得更核心层次的利益以及主体意识的完全觉醒。同时，图海纳还强调运用社会干预的方法唤醒行动主体意识，改善其社会地位，促进行动场域中各方的沟通与交流。由此跳脱出了对理论的纯粹把玩，在结构与行动、理论与实践之间建构了一条沟通的桥梁。图海纳的社会学干预方法，旨在通过创造研究情境来呈现社会斗争的本质，研究斗争双方在对话和互动中是如何共同生产有关行动者和社会运动的社会学知识的。他的社会学干预方法基于以下几项原则：首先，社会学家必须立足于社会行动之中，直接参与社会运动，社会学家是研究者，也是行动者，在某些情境下更是其他社会行动主体的代言人，这也是最重要的原则；其次，社会学家不应囿于意识形态，要站在更客观、更高瞻的位置，抽丝剥茧，还原社会运动的元状态；再次，社会学家对于社会运动要有清晰的理解和认知，廓清社会运动中的种种关系，理清冲突间的不同文化目标与认知差异；最后，社会学家应当对社会运动有充分的熟悉与了解，有时要保持与行动主体的紧密关系，有时又要偏安一隅，与其保持一定的距离，在服务社会运动的过程中维持自身理性。因此，我们可以看到社会学干预方法当中渗透着浓郁的行动意味，行动社会学为社会学干预方法提供了导向和策略，社会干预的实践应用又反过来建构和丰富了行动社会学的内涵，二者相映成趣。按照图海纳的界定，社会学干预方法的过程由三个阶段构成，分别是"前干预时期""集中干预期"和"后干预时期"。清华大学社会学系的沈原教授，可以算作是将图海纳的社会干预思想迁移到国内社会学领域研究的先行者，在面对转型中剧烈变动的社会结构和社会安排时，他认为社会学干预方法可以作为"工具实证主义"之外的一种有意义的尝试，但必须在原则和技术上有所改进，主要体现在以下三个方面：第一，借助于"解放社会学"，明确地设定社会学家面对转型社会的基本立场，站在底层群体一方，将压迫、支配和不平等问题作为关注的核心；第二，是从"行动"概念转换到"实践"概念，引入"社会改造"的面向；第三，应当将社会学干预加以推广，以便使它真正成为面对不同社会条件都普遍可用的社会学研究方法。基于中国城乡二元分割制度所造成的组织机制发育程度差异，沈原教授提出"强干预"和"弱干预"两种程度不同的社会干预方式，形成对中国转型问题更有针对性的研究探索。[1]如果说由于存在社会学学术传统的"路径依赖"与现实中国"政治因素"的担忧等因素使得社会学干预方法在当前中国还难以完全展开，则社会学的分支学科——社会工作却早已理直气壮地登上了这块舞台。

由此，我们来看一看社会学与社会工作的联系与区别。社

---

〔1〕 此段参考了李仁豪的湖南师范大学2019级《西方社会学理论专题》课程论文"行动者的归来——简评阿兰·图海纳的行动社会学及其社会学干预方法"（未发表）。

会工作发展史表明，它与社会学有着特殊的密切关系。19世纪末20世纪初的美国，当大量社会问题导致社会工作诞生的时候，正值社会学的繁盛时期。由于当时西方主要的社会问题，如失业、贫穷、社会冷漠、战争创伤等基本上是由于剧烈的社会变迁（如城市化和战争等）引起的，所以人们在分析问题时自然而然地采取了社会学的方法。他们从社会结构和社会制度中寻找问题的症结，从制度和政策等角度寻求解决问题的方法。这样社会学就成了社会工作者进行社会服务的最基本的知识基础。历史经验表明，当社会工作面对的问题不能简单地用个人的、心理的因素解释时，社会学解释就显示出其特殊的作用。或者说社会工作的开展是建立在对社会的研究和分析之上的。一个明显的事实或许能说明社会学与社会工作的特殊关系：在许多国家，社会工作最初是蕴含在社会学学科之中的。社会学与社会工作之间具有普遍联系，如以下一些方面显得尤为重要：与儿童成长、老年人赡养及家庭关系调适相关的家庭问题，与社区服务、社区关怀、社区建设相关的社区问题，与贫困、利益分配不公相关的阶层问题及社会制度问题，与失业、社会保障相联系的劳动就业问题，与社会可持续发展相关的人与环境的关系、社会规划、和谐社会建设问题等。[1]

我们再来看社会学与社会工作的区别。社会学之"学"，表明其是一种高深学问、一种学理，而社会工作之所以是"工作"，表明其是一种具体实践，一种落地做事。故相较而言，社会学的本质就是"理解"这个社会世界，而社会工作的本质则在于"改造"这个社会世界。社会工作以"建构有力的社会"为专业使命，回应发展的不平衡和不充分这一时代挑战。立足

---

〔1〕　王思斌主编：《社会工作概论》（第3版），高等教育出版社2014年版，第18~19页。

于新时代的现实需要，社会工作要从多方面推进发展的包容性、泛利性和平衡性，促进最广泛人民群众的共建、共享、共富，从而创造新的社会结构，这是社会工作教育者、实践者和研究者的时代使命。

社会工作由英文"social work"翻译而来，是指专门从事社会服务的职业性活动。在有些国家和地区，它被称为社会服务或社会福利服务。社会工作发展的早期，基本上是作为对工业革命引发的诸多社会问题的回应而出现的，由宗教团体和世俗人士所开展的扶困济弱活动是社会工作发展的直接的实践基础。社会工作专业的首要使命是增进人的福祉并帮助满足所有人的基本需求，尤其是关注弱势群体、受压迫的人和生活贫困的人的需要。从历史特征和专业定位来看，社会工作的着眼点是社会生活中个体的福祉和社会的福祉。社会工作者同当事人一道并代表当事人促进社会公正和社会转变。[1]社会工作最初救助的是社会上最困难的群体。随着社会的变化、社会问题的复杂化和社会的进步，社会工作的对象可能涉及所有社会成员，当他们因各种原因而遭遇危机时，就进入了社会工作对象的范围。与此相适应，社会工作的研究与实务领域主要包括了以下一些方面：公共救助、家庭服务、儿童服务、老人服务、康复服务、学校社会工作、就业服务、矫治服务、心理健康服务、医疗社会工作、乡村社区发展、军队社会工作和社会保险服务等。随着社会的发展，社会工作的领域还在进一步扩展，如环境保护领

---

[1] ［美］拉尔夫·多戈夫、弗兰克·M.洛温伯格、唐纳·哈林顿：《社会工作伦理实务工作指南》（第7版），隋玉杰译，中国人民大学出版社2005年版，第242页。

域、艾滋病患救助领域等。[1]2014 年 7 月，国际社会工作者联合会和国际社会工作教育联盟在墨尔本召开的周年会议上，对社会工作专业作了全球化定义：社会工作是一个以实践为本的专业和一门学术性学科，旨在促进社会变革与发展、社会融合、增权与人类解放。有关社会正义、集体责任和对尊重的选择等原则是社会工作的核心。"社会工作不是一门以探讨学理为宗旨的基础学科或理论学科，而是以解决实际问题为宗旨的应用专业。"社工不是拿着问卷去做调查研究的社会学家，不是待在会谈室等着当事人上门的心理医生，也不像人类学家那样通过田野调查了解分析人类行为，尽管这些社会工作都会有，但是社工的重点始终是落到具体怎么服务人的操作上的。[2]社会工作之所以被称之为"社会"工作，而非"个人"工作，主要原因便在于这一专业对于社会问题的关注。最早创造"social work"这一概念的美国教育家帕滕便是一个社会变革家，他希望社会工作将焦点定位于社会变革。[3]

三、结语

韶关学院作为粤北地区为数不多的高等学府，理应在推动地方经济建设、繁荣地方文化、服务当地社会民众等方面有更多的担当与作为。2016 年韶关学院在没有社会学本科专业招生的情况下直接开办了社会工作本科专业，相当于跳过了理论性强的学科而直接选择了应用型学科，这也正契合了韶关学院的办学地位与粤北地区的实际需要，不失为一个比较明智的办学

〔1〕 王思斌主编：《社会工作概论》（第 3 版），高等教育出版社 2014 年版，第 15～21 页。

〔2〕 李迎生："也谈社会工作的学科定位"，载《社会建设》2017 年第 4 期。

〔3〕 李迎生："也谈社会工作的学科定位"，载《社会建设》2017 年第 4 期。

举措。整体而言，韶关地区乃至粤北地区社会工作专业服务机构不多与专业从业者较少，而社会领域中的需求量巨大，这个差距给韶关学院的社会工作教育带来了很大压力，当然也蕴含着一个重大契机。专业发展与学科建设有望在服务大众、变革社会、为政府分忧的大量实践中获得巨大成功。另外，目前广东省各级政府已决定将华南教育抗日战争时期粤北办学遗址定位为"华南教育历史研学基地"，并随即展开策划，力求以广东省"三师"志愿者的实际行动和示范效应为粤北生态发展区文旅结合增添动力。社会工作专业如何参与其中？这的确值得我们社会工作专业教师认真思考。笔者认为，"华南教育历史研学基地"建设过程中的志愿者的培训与管理、社会资源的收寻与链接、文化遗迹的挖掘与保护、管理政策的建议与倡导以及建设过程中所遇任何困难之帮扶等，均可以纳入社会工作的专业服务之中。

法学院学科设置合与分

——探抗战时期中山大学法学院坪石办学学科建设意蕴

杜国胜*

　　摘　要：从理论上看，法学院学科设置理应以有关法学专业为核心，走"专门之学"之路。然而，抗战时期中山大学法学院却下设法律学系、政治学系、经济学系和社会学系等四种不同的学科方向。这样的设置，既有其历史渊源，更重要的是具有当时那个年代现实的法理根基。法学院学科设置既受到自身内在的规律规制，同时也受到社会发展和变化规律的制约。当代法学教育工作者，应当透过现象看本质，有效地剥离其形式，不断汲取其他学科领域营养，以培养出具有综合性的"应用型"的法学人才。

　　关键词：抗战时期；法学院；学科设置；应用型；法学人才

一、中山大学法学院学科设置历史概览

（一）中山大学法学院历史沿革

中山大学法学院起源于 1905 年成立的广东法政学堂，是旧

---

　　* 杜国胜，1965 年生，男，安徽池州人，韶关学院政法学院讲师，法学硕士，主要从事法学理论、地方立法、司法口才等方面研究。

中国最早的新式法政教育机构之一。1912 年，学堂更名为广东公立法政专门学校，1923 年又更名为广东公立法科大学。1924年，孙中山先生在广东公立法科大学、高等师范学校、广东农业专门学校的基础上组建广东大学，即后来的中山大学。广东公立法科大学随之成为广东大学法科学院，并于 1931 年发展为法学院。1952 年，全国院系大调整，中山大学法学院及法律学系被撤销。1979 年，中山大学复办法律学系，原最高人民法院副院长、海牙常设仲裁法院仲裁员端木正任首任系主任。1993 年，法律学系与社会学系、政治学与行政学系以及人口研究所共同组建成立中山大学法政学院，2001 年 9 月，中山大学撤销法政学院，并在原法律学系的基础上复建法学院。[1]

（二）抗战前后中山大学法学院学科设置

1. 抗战时期坪石办学前中山大学法学院学科设置

1905 年，由"广东课吏馆"改名的"广东法政学堂"，先后设有法律速成科、法律本科、行政本科、理财本科、预科及附设监狱改良讲习所。到了 1912 年，"广东法政学堂"又改名为"广东公立法政专门学校"，其学科相应地更改为，分设法律、政治经济两科。[2]1924 年由孙中山先生组建广东大学法科学院，将学科设置为法律学、政治学、经济学三系及法政专门部。[3]1926 年 7 月 17 日，国民政府发布命令，正式宣布广东大

〔1〕　参见"中山大学法学院的历史沿革"，载 https：//baike. so. com/doc/6327 214-6540823. html#refff_ 6327214-6540823-1，2021 年 5 月 3 日访问。

〔2〕　梁山、李坚、张克谟：《中山大学校史（1924—1949）》，上海教育出版社 1983 年版，第 3 页。

〔3〕　梁山、李坚、张克谟：《中山大学校史（1924-1949）》，上海教育出版社 1983 年版，第 6 页。

学改名为中山大学，[1]其法科仍设法律学、政治学、经济学三系。[2]抗日战争开始后，1938 年 10 月中旬，中山大学西迁云南，定址澄江。在澄江，中山大学各学院所设的学系数，均以国民政府教育部订定的各院所属学系名称订正。订正后的中山大学法学院设置法律学系、政治学系、经济学系和社会学系等四个系。[3]

2. 坪石办学时期中山大学法学院学科设置

1940 年秋，在多种复杂的因素作用下，中山大学由云南澄江，迁回至粤北坪石。坪石是广东、湖南交界的城镇，粤北通往湖南的门户，粤汉铁路贯穿其间，为南北交通的要冲。在坪石，中山大学校本部及各院系也分散多处。学校总办公厅及研究院、先修班、学生贷金审查委员会设在坪石镇；文学院设在坪石附近的铁岭；法学院设在乳源县属的武阳司（后迁车田坝）；理学院设在坪石附近的塘口；工学院设在坪石附近的三星坪；农学院设在湖南宜章县属的栗源堡；医学院设在乐昌县城；师范学院设在乳源县属的管埠。一年级设在坪石附近的车田坝（后迁武阳）。[4]中山大学法学院在坪石办学期间，其学科设置仍然分设为法律学系、政治学系、经济学系和社会学系等四个系。基本上沿袭了中山大学 1938 年西迁云南澄江时期法学院的学科设置，也是当时国民政府教育部订定的各院所属学系名

〔1〕 梁山、李坚、张克谟：《中山大学校史（1924—1949）》，上海教育出版社 1983 年版，第 11 页。

〔2〕 梁山、李坚、张克谟：《中山大学校史（1924—1949）》，上海教育出版社 1983 年版，第 16 页。

〔3〕 梁山、李坚、张克谟：《中山大学校史（1924—1949）》，上海教育出版社 1983 年版，第 100 页。

〔4〕 梁山、李坚、张克谟：《中山大学校史（1924—1949）》，上海教育出版社 1983 年版，第 107 页。

称订正的延续。

二、抗战时期中山大学法学院坪石办学学科设置的历史形式渊源梳理

（一）"渊源"一词的法理机理

"渊源"一词的本义是指来源、源泉。渊源是追溯事物存在和发展的源头，即追本溯源。任何事物的产生和发展，都不是凭空产生，更没有无缘无故的变化和发展，都可以追溯其源头。渊源是对事物发生、变化和发展的"合理性"追溯。"渊源"有"形式渊源"和"实质渊源"之分。"形式渊源"探究的是事物形成、发展和变化的轨迹，回答的"是这样，而不是那样"的问题，而"实质渊源"则探究的是事物发生、发展和变化的根本原因及其证成之理，回答的是"为什么这样，而不是那样"的问题。前者探寻的是事物的表现形式问题，而后者探寻的是事物的本质性问题。只有将两者有机地结合起来，才能有助于人们认识事物发生、发展和变化的根本性规律。对抗战时期中山大学法学院坪石办学学科设置机理的探究也同样如斯。

（二）抗战时期中山大学法学院坪石办学学科设置的历史形式渊源

从历史形式渊源上看，广东法政学堂，先后设有法律速成科、法律本科、行政本科、理财本科、预科及附设监狱改良讲习所；1912 年的广东公立法政专门学校，其将学科设置为法律、政治经济等两科；1924 年的广东大学法科学院将学科设置为法律学、政治学、经济学等三系；1926 年 7 月 17 日，国民政府正式宣布将广东大学更名为中山大学，其法科仍设法律学、政治学、经济学等三系，沿袭了广东大学法科学院的做法。1938 年 10 月中旬西迁云南的中山大学法学院，以当时国民政府教育部

订定的各院所属学系名称订正，将其学科设置为法律学系、政治学系、经济学系和社会学系等四个系。1940 年秋，中山大学法学院在坪石办学期间，其学科设置沿袭了中山大学 1938 年西迁云南澄江时期法学院学科设置，同样将法学院学科分设为法律学系、政治学系、经济学系和社会学系等四个系。

从中山大学法学院抗战时期坪石办学学科设置历史形式渊源角度来看，其学科设置完全沿袭了 1938 年 10 月中旬西迁云南的中山大学法学院的学科设置。而此前中山大学法学院学科设置自 1912 年的"广东公立法政专门学校"之后，法科及法学院学科设置，在形式上没有多大变化，基本上都是设置法律、政治、经济等三门学科，不同的是，1924 年的广东大学法科学院将此前的"法学政治"一科拆分为"政治学"和"经济学"两科，变成"法律学、政治学、经济学"三系。这种"三系"的设置一直延续到 1926 年中山大学法学院设立。至于 1938 年西迁云南的中山大学法学院及此后该院在抗战时期坪石办学期间将"社会学"引入法学院学科设置，从历史形式渊源上已无法寻找其痕迹，需从历史实质渊源上来进行探讨。

三、抗战时期中山大学法学院坪石办学学科设置的历史实质渊源探寻

（一）清末时期法科院学科设置的历史发展机理

晚清以降，中国社会身处"三千年未有之大变局"中。在西学东渐和清末新政的交互作用下，传统的"通人之学"逐渐转变为近现代的"专门之学"。[1]19 世纪以来，在西学东渐影响下，中国传统学术理论、架构悄然发生变化，传统学术体系

---

〔1〕 周会蕾：《中国近代法制史学史研究》，上海人民出版社 2013 年版，第 18 页。

向西方近代学术体系过渡之桥已搭建，近代意义上的中国学术分科体系随着国人对西学认识的深化而逐渐形成。[1]

也就是说，随着西学东渐，清末时期，中国传统学术向近现代学术的转型，实则就是从传统文史哲不分的"通人之学"向近现代学术分科的"专门之学"转变。根据20世纪初期"壬寅学制"和"癸卯学制"的规定，1905年，"广东法政学堂"先后设有法律速成科、法律本科、行政本科、理财本科、预科及附设监狱改良讲习所。这便是清朝末期"西学东渐"的社会思潮在法政教育学科设置上的能动反应。

（二）民国初期教育立法对法科院学科设置的影响

民国初期，教育部主管教育事业。1912年10月24日，北京政府教育部发布部令第17号文件《大学令》，并于次年1月12日发布部令第1号文件《大学规程》。根据这两项基本法令，大学分为七科：文科、理科、法科、商科、医科、农科、工科。其中，法科分为法律学、政治学、经济学三科。[2]

1917年9月27日，北洋政府教育部发布部令第64号文件修正《大学令》，明确规定大学设立评议会，由评议会自行决定学科的设立、学科的废止以及课程设置等事宜，自此在课程设置上均由各个学校自行规划。1924年2月，北洋政府教育部公布了《国立大学校条例》，该条例保留了国立大学在课程设置上的自主权限。

从民国初期国民政府所颁布的一系列有关教育法律法规中，不难看出抗战时期中山大学法学院坪石办学学科设置的主要政治背景。政治背景是历朝历代的大气候，是影响包括大学学科设置在内的所有行业最为重大的历史实质渊源，民国初期教育

---

〔1〕 周会蕾：《中国近代法制史学史研究》，上海人民出版社2013年版，第19页。

〔2〕 周会蕾：《中国近代法制史学史研究》，上海人民出版社2013年版，第45页。

立法对法科院学科设置亦不例外。

（三）马克思主义唯物史观对法科院学科设置的影响

20 世纪 20 年代前后，马克思主义思想传入中国。1919 年 5 月 5 日，陈博贤以"渊泉"为笔名在《晨报》发表《马克思的唯物史观》一文，揭开了马克思主义传播的序幕。1919 年，李大钊发表《我的马克思主义观》，对马克思主义唯物史观进行了阐述。1924 年《史学要论》出版，该著作是马克思主义中国化的重要文献。自此，李大钊开创了以马克思主义唯物史观为理论指导研究中国法律的新进路。

1919 年，马克思主义传入中国后，被誉为"中国马克思主义史学的奠基人"的李大钊，详细阐明了马克思主义唯物史观对于中国法律研究的重大意义，强调马克思主义唯物史观为中国法律研究的指导原则和方法论。

在《我的马克思主义观》一文中，李大钊阐明了马克思主义的三个组成部分的主要内容，三个组成部分为唯物史观、政治经济学以及科学社会主义。在《史学要论》一书中，李大钊系统阐述了马克思主义唯物史观与中国法律研究相结合的做法。他认为，马克思主义唯物史观是进步的史观，马克思主义唯物史观有两个要点：一是凡是精神上的构造，都是随着经济的构造变化而变化的；另一点是生产力与社会组织之间有密切的关系。

李大钊所阐述的马克思主义唯物史观的第一个要点实际上就是"物质决定意识"理论，这就对以往的中国法律研究中肯定神权理论以及天命观的唯心主义产生了颠覆。此外，最重要的是，"他能造成一种有一定排列的组织，能把那从前各自发展不相为谋的三个学科，就是经济、法律、历史联为一体"，[1]这

---

〔1〕 李守常：《史学要论》，河北教育出版社 1999 年版，第 138 页。

句话表明利用马克思主义唯物史观，能将原本相异的三个学科（法律、经济、历史）结合在一起，即用经济现象理解法律现象，然后借助这些根本的原则，说明过去的社会学现象。通过这种方式，将三个学科予以结合。从经济角度出发研究法律成为法史研究中的新方法。王亚南的《支持官僚政治高度发展的第一大杠杆——两税制》，正是运用马克思主义政治经济学理论研究古代法制的力作。

依据马克思辩证唯物主义史观，"政治、经济、社会、历史"，属于经济基础成分，而由统治阶级制定的"法律"，属于上层建筑成分。根据马克思辩证唯物主义原理，经济基础决定上层建筑，决定着上层建筑的产生、变化、发展和消亡。研究特定历史时期的法律，必须研究该时期社会的政治、经济和社会及其发展史，否则就难以揭示特定历史时期运行中的法律本质，就难以揭示特定历史时期法律和其他规范产生、变化、发展和消亡的规律。这正是抗战时期中山大学法学院坪石办学学科设置的马克思主义唯物史观的理论基础。至于为什么当时的中山大学法学院将"社会学"纳入法学院学科设置，而没有将"历史学"（当时该学科被纳入了中山大学文学院）纳入法学院学科设置，这应是考量了当时中山大学法学院学科设置历史形式渊源的延续性及当时国民政府有关教育法律法规的引导性和统治性。

（四）20世纪上半叶中国社会现实对法学院学科设置的影响

中国古代之所以没有形成类似西方的"专门之学"，更为深层次的原因主要在于，从战国开始，中国便有重广博通识的学风，此后，中国学问的主流是强调会通的综合研究，反对将学问分而治之。实际上，传统学术门类之间的互通性也非常明显，显现出"通人之学"的特点。因此，古代学者在治学时往往追求"博学通达"和"会通"，强调文史哲的会通，自然科学与社会科学的会通。[1]

晚清以降，伴随着西学东渐，不仅西方学科体系被引入中国教育领域，西方的人文科学和社会科学的研究方法也对中国产生了深远影响。具体到法律研究领域，清末的变法修律加快了西方法学体系和法学概念等在国内的传播速度。西方的法律话语迅速取代中国传统法律话语，西方近代法学研究方法的引入，逐渐打破传统法律史的叙事模式和传统史学研究方法占据主导地位的法史学研究格局，并成为20世纪上半叶中国法学研究的主导性方法论。实践中，法学研究模式主要是以西方法学概念体系为指导，采取多种研究方法进行中国法律的研究。[2]

随着西学东渐，"专门之学"逐步取代中国古代的"通人之学"，迅速成为当时中国主流的社会现实趋势。整体上看，正如有学者指出的那样，"移用西方概念体系和借鉴其他学科的研究角度、方法，是主导性的趋势，也是最核心的环节'。"[3]"接受现代法律训练的学者，更加自觉援用西方法律制度的知识类型与研究方法'重构中国古代法律制度'。"[4]这种影响表现在法科院及后来的法学院的学科设置上，就是"学科分类"样态的呈现。

在法学院学科设置上，弃中国古代"通人之学"而取西方

---

〔1〕　周会蕾：《中国近代法制史学史研究》，上海人民出版社 2013 年版，第 25 页。

〔2〕　周会蕾：《中国近代法制史学史研究》，上海人民出版社 2013 年版，第 73 页。

〔3〕　王志强："略论本世纪上半叶中国法制史的研究方法"，载李贵连主编：《二十世纪的中国法学》，北京大学出版社 1998 年版，第 321 页。

〔4〕　徐忠明："试说中国古代法律制度研究范式之转变"，载北京大学法学院北大法律评论编委会编：《北大法律评论》（第 4 卷·第 1 辑），法律出版社 2001 年版，第 223 页。

的"专门之学"设置方式之后，接下来的问题便是法学院学科门类的如何摄取。法学院应当囊括哪些学科，这不能由法学家通过闭门造车主观造出来，必须由当时的社会现实状况的客观性加以决定。

梁山先生在《中山大学校史（1924—1949）》一书中谈道，"法科（法学院）初设法律、政治、经济三学系。1931 年度曾设商学系，后因学生人数少而停办"；"比较难集中人才的自然是法科。因为学政治学法律学经济有好成绩的人，肯在这个求过于供的时代中埋头设教，真是希见，若是请些兼差分心的教员，即全是些有学问的人，也免不了腐化。这是我们最劳心的一件事"；[1]"我们去年请了好几位名教授，走到半路，被政府拉去做委员，做法制局长，我们哪有竞争的力量呢？但虽有这样的大困难……到底拉住了好几位学者，[2]如俞大维、周炳琳等教授，或老未到职，或者到职不久又走了"。[3]

20 世纪上半叶，中国社会既面临着西学东渐所带来的"专门之学"的变革，同时也深受"通人之学"这一中国古代传统文化的影响，再加上师资力量严重不足、学生当时的社会需求有别，以及那个时代的国民政府时期政治经济的影响。这些都是影响抗战时期中山大学法学院坪石办学学科设置最直接的现实因素。正是这些社会现实因素决定了当时中山大学法学院学科设置的状态。

---

〔1〕 梁山、李坚、张克谟：《中山大学校史（1924—1949）》，上海教育出版社 1983 年版，第 47 页。

〔2〕 参见邹鲁于 1932 年 9 月 12 日在西南政务委员会联合纪念周上关于中山大学概况的报告，载《中山大学二十年度下学期教务概况》附录二。

〔3〕 梁山、李坚、张克谟：《中山大学校史（1924—1949）》，上海教育出版社 1983 年版，第 48 页。

（五）抗战时期中山大学法学院自身特点对法学院学科设置
的影响

中山大学法学院亦有自己的特点。邹鲁曾宣称："法学院之
一切计划，均循着一个大目标进行，此目标即欲办成中国的法
学院，不是仅模仿外国之法学院，建设一个适合于中国情形与
需要之法学院；因此，本大学法学院之制度，颇有与他校不同
之处。"[1]这种不同在于：第一，学制方面，以学年必修制度为
原则，定各系之基本科目为必修科目，又根据各科目之关系，
依照顺序分排于年级，仅以辅助科目专门问题之研究为选修科
目，没有采用当时最流行的学分选修制。这是考虑到社会科学
之一知半解，仅涉皮毛，颇为危险，而文化落后之中国，任何
思想均有输入中国，使中国学生接受之可能，是故非先造成学
问之基础不可；必修制度可免除不顾学问只顾学分之弊。第二，
选派学生出国留学方面，鉴于我国一贯留学办法之失败，及金
价腾贵后，留学经济之困难，每年择成绩优良之毕业生，每系
各数人委为助教，在学校内由教授指导，从事专门研究，若干
年后，对于自己所研之科目，已经有充分之基础，且对中国国
情有相当之认识，又复精通某种外国语者，派到外国再求深造
较为有利。这是考虑到，到外国方学外文，到外国方从基础学
起，于经济不合算；对国情无认识，回国后亦学无所用；在国
内苦研若干年，学校认其确有成就希望始派留学，不致虚耗国
帑，且穷学生亦有留学机会。邹鲁认为此种办法，确可作我国
各大学之参考。第三，开设课目方面，增加中国法律政治经济
科目，而其附属机构又多集中注意力于中国法律经济之研究。
中山大学法学院附设民众法律顾问处，除搜集实际发生或中国

---

[1] 参见邹鲁于 1932 年 9 月 12 日在西南政务委员会联合纪念周上关于中山大
学概况的报告，载《中山大学二十年度下学期教务概况》附录二。

所特有之法律问题以为研究之材料，还可为将来修正法律之参考。附设经济调查处，调查广东广州经济实况，可使我国将来研究经济者，能以中国实际情形为出发点，不至于思想离开事实太远。[1]鉴于当时的中国社会及中山大学法学院的现实，邹鲁最后也不得不承认，"法学院系一难得有成绩之学院"。[2]

四、抗战时期中山大学法学院坪石办学对学科设置"合"与"分"的启示

（一）法学院学科设置"合"与"分"的外在规律

法学院学科设置，从包括法律学、政治学、经济学、社会学在内的"大法学"，到仅涉及包括宪法学、法理学、刑法学、民法学、行政法学、合同法学、债权法学、婚姻法学、诉讼法学、经济法学、商事法学、国际法学等专业化分工细致的"小法学"，从上知天文下知地理的"通人之学"，到术业有专攻的"专门之学"，从囊括其他学科之"合"，到独立出其他学科之"分"，都有其自身内在的发展规律。根据马克思辩证唯物主义哲学理论，学科建设应当符合社会发展客观现实，以符合社会变化发展规律为己任。因此，法学院学科设置的内在规律受到社会变化发展规律的支配。

当社会发展不很复杂、社会分工不太充分时，人类的社会生产生活等方面的活动处于相对简单化程式，对应之调整人类行为的法律规范就显得种类单一，包括其他学科的"大法学"的学科设置比较适应这一阶段的社会发展现实，这便是法学院

---

[1] 梁山、李坚、张克谟：《中山大学校史（1924—1949）》，上海教育出版社1983年版，第49~50页。

[2] 参见邹鲁于1932年9月12日在西南政务委员会联合纪念周上关于中山大学概况的报告，载《中山大学二十年度下学期教务概况》附录二。

学科设置之"合";当社会发展到一定阶段、社会分工愈加精细化时,人类的社会生产生活等方面的活动处于相对复杂化程式,这时,除宪法和刑法之外,出现了民法、经济法、劳动法、行政法、税法、债权法、合同法等诸多法律部门法,法律分工愈加精细,从其他学科独立出来的专门法学,自然与这一阶段社会发展现实相符合,这便是法学院学科设置之"分"。可见,法学院学科设置有其外在的社会发展变化规律。法学院学科设置不能忽视这样的社会发展变化规律而特立独行。由"合"走向"分"的学科设置,正是由社会发展变化规律加以推动的。

(二) 法学院学科设置"合"与"分"的内在规律

瞿同祖先生在其所著的《中国法律与中国社会》一书中谈道,"将法律与社会结合起来予以研究的一个创新尝试……它既是一部法律史,也是一部社会史"。[1]与那个时代其他法学专著不同的是,瞿同祖先生从社会学的角度出发设计论著的篇章体系,全书除导论外由六章正文组成:家族、婚姻、阶级、巫术与宗教、儒家思想与法家思想。他突破了中国法律学的传统研究范式,将社会学研究引入中国法律学研究当中,开创了中国法律学研究的新范式,即"法律社会史"研究范式。这一研究范式告诉人们,法学院学科设置受自身内在发展规律的影响。

以"中国法制史"为例。就中国法制史来讲,有广义法制史和狭义法制史两种。所谓"狭义法制史",陈顾远先生认为,主要是"只以法律上之制度为限,举凡制之不入于法者,换言之,制之无关狱讼、律例者,皆除于外";所谓"广义法制史",主要是"不仅限于法律一端举凡典章文物刑政教化,莫不为其对象",[2]即考察对象更为广泛,政治制度、经济制度、宗教制

---

[1] 参见瞿同祖:《中国法律与中国社会》,中华书局 2003 年版。
[2] 陈顾远:《中国法制史》,商务印书馆 1934 年版,第 2 页。

度、婚姻制度也纳入了其考察范围。同样的道理，包括法律学、政治学、经济学、社会学等学科在内的"大法学"，乃"广义法学"；建立在各专门法律之上的"小法学"，乃"狭义法学"。这便是法学院学科设置"合"与"分"的自身内在的发展规律。

（三）法学院法学专业人才培养方案

1. 培养目标

根据地方经济社会发展对高等教育培养高素质应用型法律人才的需求，本专业培养德才兼备，崇尚法治精神，具有扎实的专业理论基础和熟练的职业技能、合理的知识结构、良好的法治思维能力，具备依法执政、科学立法、依法行政、公正司法、高效高质量法律服务能力与创新创业能力，富有社会责任感和创新精神、创业意识，能在国家机关、企事业单位和社会团体，特别是能在地方立法机关、行政机关、监察机关、司法机关、仲裁机构、法律服务机构从事法律工作的高素质应用型法律人才。

2. 素质要求

（1）热爱社会主义祖国，拥护中国共产党的领导，掌握中国特色社会主义理论体系，牢固树立正确的世界观、人生观、价值观；（2）具备良好的人文素养和科学素养，掌握法学专业的思维方法和研究方法，具有良好的法治思维能力；（3）养成良好的道德品格、健全的职业人格、强烈的法律职业认同感，崇尚法治精神，具有服务于建设社会主义法治国家的责任感和使命感；（4）具有健康的心理和体魄。

3. 知识要求

（1）了解人文社会科学和自然科学的基础知识；（2）掌握本专业的基本知识和基本理论，并形成合理的整体性知识结构；（3）了解法学的理论前沿和中外法制建设的现状及趋势。

4. 能力要求

（1）具备独立自主地获取和更新本专业相关知识的学习能力；（2）具备运用法学专业理论与知识、运用法治思维分析和解决法律实务问题的能力；（3）具备良好的口头表达能力和文字表达能力；（4）具备利用创造性思维方法开展科学研究工作和创新创业实践的能力；（5）具有较高的计算机操作能力和外语能力。

（四）法学院人才培养客观规律

1. 专业化分工

当社会处于简单再生产时期，人们的生产生活等方面的活动比较单一化时，作为调整人的行为的法律规范就显得比较简单。例如，在中国古代，以小农经济为主的封建社会，商业经济主要以手工作坊的形式呈现。与之相适应的是仅存的被淹没在刑律之中的一小部分商法，并且多是抑商禁商之法。[1]到了20世纪初，随着海禁大开与中国资本主义工商业的兴起，清政府一改过去视工商为末业的传统观念，采取通商惠工的政策并通过立法保护与发展工商业。[2]20世纪30年代，国民政府时期的商法有了一定的发展，当时的中山大学法学院也试图设置"商法学系"，但苦于无学生报考而被搁置。

从1931年中山大学法学院正式成立，到1952年全国院系大调整时中山大学法学院及法律学系被撤销，再到1979年中山大学复办法律学系，直到2001年9月中山大学在原法律学系的基础上复建法学院，无不彰显出法学院人才培养受到社会专业化分工的

---

〔1〕 赵治国、王向英、张东华编著：《中国法制史新编》，武汉大学出版社2015年版，第248页。

〔2〕 赵治国、王向英、张东华编著：《中国法制史新编》，武汉大学出版社2015年版，第248页。

影响。社会分工越复杂，就越需要诸多的法律部门为之提供服务，就越需要培养各种专业的法学人才，法学院的学科设置就越专业化，就必然走向"通人之学"式"大法学"之道路。

2. 引入新视角

法学人才培养在走"专门之学"的同时，可能走向片面化、极端化，变得脱离社会现实，不为社会认可。瞿同祖先生所著的《中国法律与中国社会》一书，将"中国社会视角"引入了对中国法律的研究，为中国法律的研究与思考提供了新的路径，为培养法学人才拓宽了视野，能够有效地避免"专门之学"培养路径的弊端。

自1919年"五四"运动之后，学者们慢慢尝试用西方社会学研究范式研究中国社会。在法学方面，如同美国法学家罗斯科·庞德所言，19世纪初期，"出现了各种社会学方法的综合，出现了各门社会科学的综合，出现了以考虑法律的作用为主，而不是以法律的抽象内容为主的功能观……以上出现的情况，逐渐成了社会学法学家公认的信条"，[1]社会学方法在法学人才培养方面成了新趋势。

托马斯·库恩指出："在历史条件和科学家集团的社会心理状态急剧变化的时候，旧的理论形态陷入危机，科学的发展就进入了从一个形态过渡到另一个形态的革命时期，最后建立起新的理论形态的常规科学。"[2]理论形态是如此，法学人才培养又何尝不是如此。唯有这样，才能培养出综合性的"应用型"法学人才。

---

〔1〕 ［美］罗斯科·庞德：《法律史解释》，曹玉堂、杨知译，邓正来校，华夏出版社1989年版，第71页。

〔2〕 纪树立编译：《科学知识进化论：波普尔科学哲学选集》，生活·读书·新知三联书店1987年版，第29页。

（五）法学院学科设置"合"与"分"的趋势应对

随着世界步入全球化，社会分工愈加精细，人类社会正处于飞速发展时期。抗战时期中山大学法学院坪石办学所处的社会背景已不复存在。因此，法学院学科设置"合"之情形已一去不复返，取而代之的是"分"之形势与必然。

然而，根据唯物辩证法原理，事物间是相互联系、不可分割的整体。据此，法学院学科设置在走向专业化的同时，法学研究和法学教育不能走向孤立化和片面化，要从其他学科领域中不断汲取营养，努力做到"分身不分心"，这样，才能培养出具有"德智体美劳"综合性的"应用型"法学人才。

五、结语

法学院学科设置的"合"与"分"，决定于一国国家法律实务发展的内在规律，推动于一国社会变化发展外在规律，践行于服务社会需要，归结于具有综合性知识的应用型法学人才。在当今全球化背景下，社会处于复杂而高速发展时期，虽然采取中山大学法学院抗战时期学科设置之"合"的形式，已经不合时宜，但当今法学院学科设置"分"之形式，显然舍弃的只是形式层面，其学科之间的关联不能因此而被忽略。"通人之学"变通之"通识教育"是培养当代应用型法学人才的基础。这对当今法学院师生，尤其是对法学院教师，提出了相当高的要求。在"分"之法学院学科设置的前提下，如何运用其他学科领域的专业知识来讲授各专门法学学科知识，将对当代法学院教师提出严峻的挑战，直接关涉"应用型"法学人才培养目标的实现。这便是抗战时期中山大学法学院坪石办学学科设置的重要意蕴。

烽火岁月中的法律传播者

——记中山大学法学院薛祀光教授

徐素萍*

摘　要：薛祀光教授在中山大学的近20年教学生涯里，胸怀祖国，声援抗战，不畏强权，追求正义，笔耕不辍，在烽火中坚持教书育人、传播法律精神，是当之无愧的伟大的教育家和法学家。

关键词：中山大学；薛祀光；坪石；法学教育

清华大学原校长梅贻琦曾经说过："所谓大学者，非谓有大楼之谓也，有大师之谓也。"的确，大学如要被仰止，终须拥有大师。前辈中大人抱定学术救国的初衷，在动荡时局中拼搏，在抗战的烽烟中坚守，薪火相传，成就了如今享誉四海的中山大学。抗战时期粤北坪石的四年办学经历为中山大学近百年的办学历史留下了浓墨重彩的一笔，涌现了许多非常值得尊敬的大师，如陈寅恪、梅龚彬、王亚南、李达等。薛祀光（1900年~1987年），瑞安薛里人，字声远，自幼聪颖好学，成绩优异，公费考入日本九州帝国大学，并于1928年获得法律博士学位。回国后受聘为中山大学法律学系教授。1931年9月中山大学法科

　　* 徐素萍，1981年生，女，韶关学院政法学院讲师，法学硕士，主要从事民商法学研究。

改称法学院，薛祀光任法学院首任院长。薛祀光教授在中山大学任教近 20 年，治学严谨，学识渊博，传播法律精神，桃李满天下，在教育界和法律界享有盛誉。

一、热爱祖国，声援抗战

"九一八"事变和"一·二八"事变后，爱国人民要求蒋介石抗日，中山大学学生掀起了争取北上抗日运动。作为法学院院长的薛祀光教授非常支持学生抗日运动。他还参加了"九一八"事变后成立的"中大反日会"，发表宣言，要求政府立即增援十九路军，并呼吁全国人民行动起来抗击日本侵略者。1931 年 11 月 4 日，薛祀光教授召集法学院教授谈话，议决急电国际联盟行政院依据《国际联盟盟约》第 16 条，限期日本从中国撤兵。该电文拟成后，11 月 7 日经教授会讨论通过并签名后发出。[1] 1932 年 2 月 25 日，校长邹鲁会同薛祀光等 24 名教授及部门负责人发起募捐援沪活动，呼吁："十九路军忠勇御敌，叠奏奇功，扫荡强寇，震我国威，听捷报之传来，极人心之快慰。同人等诚以我校同事抗日救国之忱，素不后人。爰发起捐募之举，以便早日汇集巨款，汇寄前方，用示敌忾同仇，义愤共激。"[2] 此次募捐援沪活动得到了社会各界爱国人士的支持。

随着抗日战争的全面爆发，中山大学被迫于 1938 年 10 月内迁云南澄江，而后又于 1940 年秋迁至粤北坪石办学。在这一颠沛流离时期，薛祀光教授团结进步教授，崇尚民主自由，针砭时弊、痛斥国民党的黑暗统治，反对文化专制，并将自己的民

---

〔1〕 黄义祥："国立中山大学的抗日救亡运动"，载广州市政协学习和文史资料委员会编：《南华烽火——纪念抗日战争胜利 60 周年专辑》，广州出版社 2006 年版。

〔2〕 姜嘉镳："募捐声援抗战的薛祀光"，载 http://epaper. wzrb. com. cn/content. aspx? id＝250090，2020 年 5 月 13 日访问。

主进步思想融入教学实践中，教育和引导青年学生。中山大学在坪石办学期间举行过多次大型的爱国民主运动，在每次的爱国民主运动中，薛祀光和其他进步教授大都选择和学生们站在一起，抵制文化专制，维护中山大学学术自由传统、争取学生权益、宣扬全民抗战。

抗战胜利后，薛祀光教授因为精通国际法被聘为国际法庭顾问，在审判日本战犯中作出了重要贡献。1946 年 2 月 15 日，审判战犯军事法庭在广州成立，拉开了审判华南地区及越南的日、德、意法西斯战犯的序幕。1946 年 5 月，广州审判战犯军事法庭开始对血债累累、恶贯满盈的日本头号战犯田中久一进行公开军法审判。广州审判战犯军事法庭主任检察长代表国家对田中久一提起诉讼，由审判长、军法审判官以及另外四位军法审判官组成合议庭，并指定精通国际法的薛祀光为辩护律师出庭辩护。经过长达 4 个多月的十几次庭审，广州审判战犯军事法庭最终对田中久一作出了死刑判决，而后在广州对田中久一执行了死刑。

二、不畏强权，追求正义

中山大学代理校长许崇清因思想民主开放、作风扎实细致深受师生爱戴和拥护，却引起了校内反动派的不满和嫉妒。他们以许崇清"引用异党、危害中大"为由，向国民政府告密。国民政府于 1941 年 7 月免去许崇清代理校长职务，任命张云为代理校长。1941 年 7 月 11 日，法学院学生首先提出了"迎邹挽许拒张"的口号。当时的中山大学校长邹鲁在重庆养病，不可能回校。因此"迎邹挽许拒张"的实质是挽留许崇清，拒绝张云。但是国民政府一再下令，要求张云立刻接手校长事务，并提出要开除为首的学生。为尽快解决校长人选问题，维护中山大学的正常运转，中共地下组织经过再三研究认为，与其任由国民政府另派丝毫不懂教育的政客来学校，不如接受不是学者的张云作代理校长。薛祀光教授作为法律学系代表慷慨陈词，据理力争，坚决反对学校肆意开除学生。最后，张云答应了各学院代表提出的不追究参加"拒张运动"的学生责任、不解聘教授、不改变校风学风的要求。由此，各学院代表同意张云上任，"拒张运动"就此平息。[1]

1932 年 9 月，重返中山大学的何思敬教授开设《经济学》课程，讲授《资本论》和唯物辩证法，讲述剩余价值学说，宣传马克思主义理论。校方向法学院表示异议，提出警告。作为法学院院长的薛祀光教授的回答简明而坚决："教授有开课的权利，有教学的自由。"当时全国没有哪个高校公开开设课程讲授《资本论》，在白色恐怖下，他能如此坚定地推崇学术自由、维护进步教授，真是难能可贵，值得敬佩！

1937 年 7 月，鉴于对日外交问题日益严重，以及内政上政治、经济、教育等问题亟待讨论，蒋介石和中国国民党中央政治局委员会主席汪兆铭，联名邀请国内著名学者、社会名流及各党派领袖在江西庐山举行谈话会。此次"庐山谈话会"实为蒋介石企图拉拢知识分子为他们的反动政治服务。面对这多少人求之不得的机会，薛祀光教授却不屑一顾，借故拒绝赴会。其不攀附权贵的情操，深得革命群众和进步人士的赞许。

1947 年，随着人民解放战争的不断胜利，国民党统治区的政治、经济、教育危机日益严重，国民党军政当局加紧内战。爱国学生掀起了声势浩大的"反饥饿、反内战"运动，遭到了国民政府的残酷镇压。薛祀光教授以中山大学教授会会长的身

---

〔1〕 王丽："中国共产党和坪石时期的中山大学"，载 http://www.sgu.edu.cn/d88986.html，2020 年 5 月 15 日访问。

份，运用他在法律界的声望和影响，据理力争，迫使国民党当局释放在"反饥饿、反内战"学生运动中被捕的20名中共地下党员和进步学生。为此，他被国民政府列入"黑名单"，学校当局对他表示不欢迎。他正气凛然，无所畏惧，毅然离开中山大学，返回故里，同年受聘为同济大学法学院院长。由于他积极支持学生运动和民主运动，多次营救被国民党迫害的师生，受到我党和人民的高度评价。[1]

三、热衷教育，著述丰硕

薛祀光教授自幼聪明好学，成绩优异，受父亲影响，立志从事法律教育事业。1921年夏，他与周予同、李笠、伍叔傥、林镜平等人在家乡组织"知行社"，以"研究地方情况，尽瘁公益事业，以图社会之进步"为宗旨，创办平民阅报社及平民学校，积极宣传先进思想，普及教育；后公费留学日本九州帝国大学，自1928年获得博士学位后归国受聘于中山大学法学院，开始从事法学教育工作。薛教授在中山大学从教的近20年里，中山大学经历了四次迁移（1938年10月从广州迁至云南澄江、1940年9月从云南澄江迁至粤北坪石，1945年1月迁至连县和梅州，1946年迁回广州石牌校区），在颠沛流离中他始终坚守在教育工作岗位上，严谨治学，教书育人。

抗战时期，是中山大学办学最艰难的时期，彼时物质匮乏，生活异常艰苦，但是广大师生还是能够因陋就简，努力从事教学与科学研究活动。1940年9月迁校坪石后，薛祀光教授作为法律学系主任，以身作则，带领大家克服各种困难完成教学任务。当时没有教材，也没有图书馆，老师们就自己精心编写讲

---

〔1〕 马锡鉴："薛祀光传略"，载《温州师范学院学报（哲学社会科学版）》1998年第5期。

义发给学生。据当年的学生回忆："每一位老师的学问都很高，写给我们的讲义，都可以列入大学丛书而无愧。"除了努力教好书，薛祀光教授还经常举办讲座和召开座谈会，分析和议论时局，解答大学生对中国和世界反法西斯战争时局最关心的问题，帮助他们消除恐惧心理，鼓励他们抓紧时间刻苦学习。当时法学院除开设必修和选修科目，还开设了专门学科讲座，学生还可以根据需要与爱好听其他院系的课。为适应抗战需要，法学院开设了"战时特别刑事法规""战争经济学之原理""战时经济政策""战时国际金融""战时财政学"等选修课程，另设有"中国战时经济实力之分析与比较"等12个专题演讲，并组织课外服务团，在报刊上进行国际形势、儿童与妇女抗战活动的研究与宣传。[1]薛教授最喜欢学生发问，只要肯问，即使问题肤浅一些，他也很高兴，正好乘时启发诱导，深入浅出地解答一番。他经常穿中国长袍，儒雅雍容，一副读书人气派，如果学生有心向他求教，他恨不得把自己所知，毫无保留地倾囊相授。这种诲人不倦的精神给学生们留下了非常深刻的印象。

1944年，日本帝国主义为打通大陆交通线而疯狂进攻粤汉线，中山大学面临疏散问题。作为法律学系主任，薛祀光教授还要负责安定法律学系师生的情绪并组织大家有条不紊地疏散。1944年秋，进攻粤汉线的日寇已逼近坪石。当年年底，坪石沦陷前，中山大学师生分东西两路疏散。东路去兴宁、梅县；西路去连县。薛祀光教授和经济学系主任梅龚彬教授选择了西路。春节过后，薛祀光教授和梅龚彬教授等从临武步行一百多里山路赶到连县。当时，日寇的威胁尚未解除，山路时有土匪骚扰，幸好途中未遇意外，没有耽误授课。连县的办学条件比坪石还

---

[1] 覃红霞："抗日战争时期高校内迁探析"，西南师范大学2002年硕士学位论文。

差。他们仍然克服困难，并精心安排复课，这不仅补上了因疏散而造成的缺课，而且基本上保证了那一学期的正常教学进度。[1]

薛祀光教授在完成繁重的行政和教学工作之余，努力从事科研工作，笔耕不辍，著述丰硕。他曾担任《社会科学论丛》主编，发表了《中国法系的特征及其将来》《祀产的立法问题》等多篇有影响力的论文；出版了《民法债编各论》《债法各论》《法律丛书》《管子六法》《民法概论》等多部著作，很多著作被各大图书馆收藏。薛教授的著作观点新颖，旁征博引，贯通古今，融汇中外，受到学界的普遍好评。

薛祀光教授在中山大学任教近 20 年，爱国、爱校、爱生，不畏强权，追求正义，在烽火中潜心教学与科研，传播法律精神，硕果累累，桃李满天下。鉴于其崇高的人格魅力和卓越的学术贡献，民国政府教育部聘其为"部聘教授"。薛祀光教授是当之无愧的我国伟大的教育家和法学家，值得世人敬仰。

---

[1] 梅昌明整理：《梅龚彬回忆录》，团结出版社 1994 年版，第 107~111 页。

《资本论》的逻辑与历史相统一的方法初探

郭先华*

摘　要：马克思的逻辑与历史相一致的思想是对黑格尔的逻辑与历史一致思想的扬弃：抛弃黑格尔的思维创造对象的唯心主义思想，但肯定了思维自我运动、自己创造自己的能动作用。《资本论》的叙述方法是一种完整的科学认识方法，是形成概念从抽象到具体发展的方法。马克思通过这种方法，实现了《资本论》的逻辑与资本的发展历史的一致。《资本论》第一卷研究的是资本的直接生产过程；第二卷研究的是简单流通过程的扩大了的生产和再生产过程；第三卷研究的分配过程是扩大了的流通过程。

关键词：马克思；黑格尔；《资本论》的逻辑；资本的运动；叙述方法

关于《资本论》的逻辑与历史相一致的思想，学术界长期以来就存在比较大的争议。主流的观点认为，《资本论》的逻辑顺序与其研究对象的发展历史顺序是一致的，但是也有学者提出了相反的观点，如沈佩林就提出了比较完整的反对意见，[1]

　＊　郭先华，1965 年生，男，广东南雄人，讲师，硕士，主要研究方向为马克思主义与中国。

〔1〕　沈佩林："《资本论》中范畴的逻辑顺序和历史顺序问题"，载《中国社会科学》1981 年第 2 期。

而其反对意见还未有人提出比较好的反驳。现在看来，这是一个有待深入研究的问题。

一、马克思对黑格尔的历史与逻辑相统一思想的改造

马克思的逻辑与历史相统一的思想源于黑格尔。因此，要理解马克思的这一思想，还得从黑格尔的思想讲起。

黑格尔认为，世界的本质、本源是绝对观念，现实的自然界和人类社会产生之前，绝对观念就已经存在，而且一直在永不停息地运动。绝对观念的运动经历了三个阶段：第一个阶段是逻辑阶段，绝对观念以纯逻辑概念的形式存在和发展；第二个阶段是自然阶段，绝对观念把自己外化为自然界，历经机械的、物理的和有机的发展方式；最后一个阶段是精神阶段，在这一阶段，绝对观念把自己外化成人类社会。世界上的各种各样的存在都是绝对观念的具体存在形式，是绝对观念运动变化的一个具体环节。绝对观念的运动是有规律的，这些规律就是我们说的辩证法的规律。绝对观念不仅是一个一直在运动和变化着的实体，同时也是一个主体，他把自己设定为认识的对象并加以认识，绝对观念按照辩证法规律来运动的过程也是其自我认识的过程，于是，对象的运动过程和对对象的认识过程就合二为一了，实际上就是同一个过程。也就是说，就对象发展的历史与对对象发展过程的认识的历史是一致的。绝对观念是一个整体，作为起点的绝对观念是最简单、最抽象的存在，但世界万物的种种规定性只能潜在地存在于绝对观念这个实体中。绝对观念通过自己的运动、发展，不断地把自己潜在的各种规定性展示出来，而越往后的发展阶段，展示的规定性越多，发展到最后阶段则完全把自己的规定性全部展示出来，这时的绝对观念是最具体、最复杂的。因此，绝对观念的发展是从最简

单的存在发展到最复杂的存在。这一过程也是绝对观念自我认识的思维过程，表现为范畴从最抽象的范畴到最具体的范畴的演变。这些范畴通过一定的先后次序结构而组成一个科学的理论体系，这种先后次序结构就是逻辑。这种逻辑秩序与各范畴形成的历史顺序是一样的。"科学的整体本身是一个圆圈，在这个圆圈中，最初的东西也将是最后的东西，最后的也将是最初的东西。"[1]

马克思扬弃了黑格尔的上述思想。马克思说："黑格尔陷入幻觉，把实在理解为自我综合、自我深化和自我运动的思维的结果，其实，从抽象上升到具体的方法，只是思维用来掌握具体并把它当作一个精神上的具体再现出来的方式。但绝不是具体本身的产生过程。"[2]马克思把对象的运动与对对象的认识过程区别开来，而不像黑格尔一样把这两者看成是同一个过程。在黑格尔看来，对对象的认识就是一种自我认识，认识对象的过程也就是创造对象的历史过程。马克思把范畴的运动过程看成是反映对象历史的发展过程，自然这两者是一致的。当然，我们还要看到，马克思继承了黑格尔关于思维能动性的思想，就是把范畴的发展看成是范畴本身的自我展开过程，这种展开过程就是由简单到复杂的发展。比较简单的范畴反映了比较简单的对象，而比较复杂的范畴反映了对象后来发展起来的比较复杂的关系。在笔者看来，马克思抛弃了黑格尔的思维创造对象的观点，但肯定了思维的自我运动、自己创造自己的看法。所谓思维的自我运动，就是指思维复杂的对象如何反映的问题。复杂的对象包括不同的环节、关系，思维不可能同时反映所有

---

〔1〕〔德〕黑格尔：《逻辑学》（上卷），杨一之译，商务印书馆 1966 年版，第 56 页。

〔2〕《马克思恩格斯全集》（第 30 卷），人民出版社 1995 年版，第 42 页。

的环节和关系，而是一个一个去逐步认识。那么，思维应该从哪一个环节或关系入手？然后接下来又如何反映其他环节和关系？这些要靠思维自己来决定。正确的思维是符合思维规律的思维，就是从最简单但又是最基础的关系、环节入手，先形成最抽象的逻辑范畴，往后的范畴越来越具体。

总之，马克思认为，对象是从简单到复杂发展，而反映对象的理论也是从简单的范畴发展到复杂的范畴。简单的范畴就是比较抽象的范畴，复杂的范畴就是比较具体的范畴。所以，范畴从简单到复杂的发展过程也就是从抽象到具体的发展过程。这是思维的规律，是对对象进行科学认识不能违背的。而对象的发展也是从简单到复杂，从比较简单的结构发展成比较复杂的结构，这是对象的规律。所以，逻辑和历史的一致是必然的，否认这两者的一致是毫无根据的。范畴的这种历史发展顺序就是一个理论体系中范畴从抽象到具体的结构秩序。合乎思维规律的思维才能得出符合对象规律的认识，这就是马克思的历史与逻辑相统一的思想的真正内涵。

二、《资本论》的叙述方法

尽管逻辑和历史的一致是必然的，但怎样实现这种一致却不是自然而然的，必须借助科学的研究方法。就《资本论》来说，这种科学的研究方法就是马克思所说的叙述方法。不弄清楚《资本论》的叙述方法，就不可能真正弄懂《资本论》的逻辑和历史的一致问题。可以这么说，学术界有关历史与逻辑一致这方面的很多争议，都跟对《资本论》的叙述方法的关系不同理解有关。

马克思在《资本论》第一卷第二版跋中说："在形式上，叙述方法必须与研究方法不同。研究必须充分地占有材料，分析它的各种发展形式，探寻这些形式的内在联系。只有这项工作完成以后，现实的运动才能适当地叙述出来。这一点一旦做到，材料的生命一旦在观念上反映出来，呈现在我们面前的就好像是一个先验的结构了。"[1]马克思这里说的叙述方法，就是形成概念从简单到复杂的发展的方法；而与这种叙述方法不同的研究方法，是指分析具体材料，形成反映对象不同规定及其关系的范畴的过程，是叙述方法的准备过程和不可缺少的研究环节，而叙述方法只不过是这种研究过程的继续和结果，两者本质上是一致的，只是形式上有区别。由于对象复杂，对其研究存在不同的研究过程，这些分散的研究过程因为未连接成一体而不够完善，而叙述方法是把不同过程和环节的研究统一起来，完善起来，完善起来的研究方法就是叙述方法。

笔者认为这里要特别注意的是，上述研究方法是一种正确的研究方法。除了这种正确的研究方法，马克思还提到另外一种研究方法，即马克思之前的资产阶级经济学家所使用的研究资产阶级经济学的方法，就是把概念当成一种只反映对象的不同规定及其外部联系，各概念之间没有内在联系的方法，本质上是一种形而上学的方法。马克思在《〈政治经济学批判〉序言、导言》中说得很清楚："从实在和具体开始，从现实的前提开始，因而，例如在经济学上从作为全部社会生产行为的基础和主体的人口开始，似乎是正确的。但是，更仔细地考察起来，这是错误的。[……]如果我从人口着手，那么，这就是关于整体的一个混沌的表象，并且通过更切近的规定我就会在分析中达到越来越简单的概念；从表象中的具体达到越来越稀薄的抽象，直到我达到一些最简单的规定。于是行程又得从那里回过

---

〔1〕《马克思恩格斯全集》（第 44 卷），人民出版社 2001 年版，第 21~22 页。

头来，直到我最后又回到人口，但是这回人口已不是关于整体的一个抽象的表象，而是一个具有许多规定和关系的丰富的总体了。"[1] 对这段话的理解，难点在于怎样理解从"实在和具体"开始是错误的。

错误的研究方法是从实在和具体开始，是把复杂的对象分解成不同的方面，只看到这些方面的外部联系，所以不能很好地反映对象，得到的是肤浅的甚至是错误的认识。马克思是坚决反对这种方法的。人们总认为，任何研究都应该从具体开始，是从感性到理性的认识过程。所以，在解读马克思的方法时，就只能把从抽象到具体的方法看成是建立理论体系的逻辑方法，而不是指所有的科学认识方法。其实，马克思的从抽象到具体的方法，既是建立理论体系的逻辑方法，也是研究对象的唯一科学认识研究方法。从具体开始，由于具体是一个整体，是包含各种不同关系并且这些关系相互联系的整体，这个整体是其历史发展的结果。这么复杂的对象，是需要复杂的高级认识才能反映出来的。复杂的高级认识从哪里来？是概念运动的结果。反映复杂的整体的概念是由简单的也即抽象的概念发展而来的。既然这些概念是遵循从抽象到具体的发展这一思维规律的，那么在这一研究过程中就要找到最抽象的概念，研究应该从最简单的关系开始。马克思之前的资产阶级经济学家的研究方法之所以是错误的，就是违背了这一思维规律。最简单的关系也就是最基础的关系，这种关系是整体的其中一部分。

马克思的叙述方法，本质上就是通过最基础的概念来分析包括感性的认识材料在内的各种具体的材料，并进而形成一个比较具体的概念。所以，马克思说科学的研究方法应该先占有

〔1〕《马克思恩格斯全集》（第 30 卷），人民出版社 1995 年版，第 41~42 页。

具体材料。这一最基础的概念就是逻辑起点概念，它反映的是研究对象的最基本的关系。马克思在《资本论》中是从具有具体劳动和抽象劳动二重性的商品开始的，马克思之前的资产阶级经济学家，不懂得生产商品的劳动的二重性，不懂得商品的内在矛盾，从而不能够从最基本的关系出发，结果只能从实在和复杂的具体出发，把复杂的整体分解为各个方面，这样认识的结果是只能反映这些方面的表面关系，不可能反映本质的联系。马克思之所以说这种方法是错误的，是因为科学研究是要揭示对象的本质关系。

三、《资本论》的逻辑与资本的历史相一致

《资本论》是研究资本主义的经济关系，也就是资本的运动过程，揭示的是资本主义社会中人与人之间的经济关系，尤其是资本家和工人之间的阶级关系。"资本是资产阶级社会的支配一切的经济权力。它必须成为起点又成为终点。"[1]马克思在《资本论》中也是研究了大量的资本运动的材料，从资本的发生、发展的历史过程理解和解释资本主义的经济关系，而反映资本的发生、发展过程的概念也是严格按照从抽象到具体的逻辑关系来展开的。

资本主义社会的资本运动过程也是资本主义的商品生产过程，研究资本的运动也就是研究商品的运动。《资本论》第一卷研究资本的直接生产过程，是暂时撇开流通过程和分配过程来研究剩余价值的生产，实际上就是研究资本主义社会中资本的形成、产生过程。这一过程从商品开始，经货币然后转换成资本。商品的运动过程就是商品内在矛盾的对立统一过程。生产

---

[1]《马克思恩格斯全集》（第 30 卷），人民出版社 1995 版，第 49 页。

商品劳动的二重性即具体劳动与抽象劳动的矛盾的产生和发展以及解决过程，就是资本主义经济关系的演变历史过程。货币和资本都是商品，只不过都是特殊的商品，而且是更加复杂的商品。商品的使用价值与价值的矛盾，乃至资本的生产、交换、流通和消费的种种矛盾，都是生产商品的劳动的矛盾的演变过程中的具体形式，也可以说是特定环节。商品中包含的劳动的这种二重性，是理解政治经济学的枢纽。这里顺便指出，有学者认为《资本论》开篇中的商品不是资本主义社会的商品，认为："我们从《资本论》第一卷第一篇中可以看出，这种抽象出来的商品此时只表现为商品的最简单形式，它有使用价值和价值两重因素，并不含有剩余价值，也不带有资本主义社会的色彩，因此它或多或少适用于一切社会形式。"〔1〕笔者认为这种观点值得商榷。资本主义的商品必然会转化成资本，而马克思在《资本论》开篇中研究的商品就是这种必然会转化为资本的商品。

《资本论》第二卷研究资本的流通过程。流通过程是剩余价值生产的继续，没有流通过程就不可能存在实际的剩余价值，生产过程虽然把剩余价值生产出来了，但只有通过交换、流通环节，剩余价值才能成为实际的剩余价值。资本的流通过程是以生产过程为基础的，所以《资本论》第二卷研究的是资本的生产过程和流通过程相统一的过程。生产过程和流通过程的结合体，当然要比第一卷研究的单纯的生产过程要复杂，所以说《资本论》从第一卷过渡到第二卷，也是对资本的认识由简单到复杂的发展。流通过程的资本，不管是货币资本、生产资本还是商品资本，目的都是追求剩余价值。流通过程也可以看成是

---

〔1〕 王金秋、张侨然："《资本论》逻辑起点商品的性质：三种代表性观点述评"，载《当代经济研究》2017 年第 6 期。

扩大的生产过程。资本积累，即剩余价值转化为资本，也就是资本的再生产过程。这一再生产过程是如何发生和发展的？这正是《资本论》第二卷所要研究和回答的问题。资本循环过程也就是资本不断再生产的过程。如果说《资本论》第一卷研究的是比较简单的资本生产和再生产过程，那么第二卷研究的就是更加具体、更加复杂的资本生产和再生产过程。

《资本论》第三卷研究资本的生产总过程，就是资本的分配过程，通过分配而产生了不同的资本，这些资本之间通过生产、交换和分配形成了内在的联系，从而形成了资本生产的总过程。第三卷是以第二卷为基础的。资本的流通使得资本能变换不同的形态，流入不同的领域。以追求剩余价值为目的的资本，总是从赚取低剩余价值的领域转向赚取高剩余价值的领域，但是根据商品的供求规律，某一领域的资本过多、竞争加剧，自然会降低剩余价值率，资本通过自由流通，会导致社会资本的利润平均化。资本自由流通的过程也是剩余价值的分配过程，分配是流通的继续，是一种更加复杂的流通。可见，《资本论》第三卷研究的内容是第二卷的深化，是对资本认识的更加具体化。按照马克思的说法，生产是起点和基础，决定了交换、分配和消费，交换是生产与分配、消费三者的媒介，生产、交换、分配和消费构成一个整体。第三卷研究的正是这个整体，即资本的生产过程、流通过程和分配过程相统一的总生产过程。这样的逻辑结构反映了资本从生产过程到流通过程再到分配过程的历史演变。

当然，有很多学者认为，《资本论》存在大量的逻辑顺序与对象历史发展的顺序不一致的结构。学术界讨论比较多的是马克思的原始资本积累理论和地租理论。

从历史发展来看，地租在封建社会就已经出现，并且当时比资本的地位还高。按照逻辑与历史一致的观点，《资本论》应先研究地租然后再研究资本，但实际上马克思在《资本论》第三卷中才研究地租。为什么会出现这种情况？马克思说："把经济范畴按它们在历史上起决定作用的先后次序来排列是不行的、错误的。它们的次序倒是由它们在现代资产阶级社会中的相互关系决定的，这种关系同表现出来的它们的自然次序或者符合历史发展的次序恰好相反。"[1]马克思一方面强调逻辑与历史的一致，另一方面又说"把经济范畴按它们在历史上起决定作用的先后次序来排列是不行的、错误的"，这不是自相矛盾吗？其实马克思的说法并没有自相矛盾。《资本论》研究的对象是资本主义社会的资本运动，不是封建社会的资本。封建社会的地租是封建地租，而资本主义社会的地租是资本主义地租，这是两种不同的地租。在封建社会，地租是一种比资本简单但重要的关系，只有理解了地租才能理解资本，也可以说，封建社会的资本关系是从属于封建关系的；然而，在资本主义社会，资本比地租更加简单，资本主义经济中的地租表现为资本主义社会中的资本关系，是一种具体的资本关系。从马克思的地租理论的具体内容来看，地租的范畴确实是比较复杂的。在马克思看来，地租是经营土地的农场主付给土地所有者的超额利润，是剩余价值的一种具体形式，也是商品、货币和资本发展的产物。马克思说："一切地租都是剩余价值，是剩余劳动的产物。"[2]从形式逻辑的观点来看，剩余价值是"属"概念，而地租是"种"概念。地租这一概念的内涵是要用剩余价值来揭示的。可见，只有掌握了商品、货币和剩余价值并进而掌握资本关系，才能理解资本主义经济关系中的地租概念。马克思对地租范畴的安

---

〔1〕《马克思恩格斯全集》（第46卷·上册），人民出版社1979年版，第45页。

〔2〕［德］马克思：《资本论》（第3卷），人民出版社1975年版，第715页。

排是符合逻辑与历史相一致的要求的。

关于原始资本积累理论，马克思在《资本论》第一卷的第二十四章进行了研究，安排在《资本主义积累的一般规律》（第二十三章）之后，似乎也不符合逻辑与历史相一致的要求。笔者认为，马克思的原始资本积累理论研究的是资本的再生产问题，但不是资本的直接生产过程，而是结合资本的流通过程来研究的。《资本论》第一卷的最后一章即第二十五章《现代殖民理论》也是结合流通过程来研究资本的再生产问题的。这两章都具有承上启下的作用，因为《资本论》第二卷正是结合生产过程来研究流通过程的。

坪石先师之梅龚彬：隐蔽战线上的卓越战士[*]

韩登池[**]

  摘　要：梅龚彬（1901 年~1975 年），中共情报史上的杰出人物，抗战三杰中的隐杰。青年时期是学生领袖，壮年时期是革命风云人物。在中山大学近六年的教书生涯中，他除了在课堂上积极讲授马克思主义经济学原理知识和传播真理，还身体力行、言传身教，影响了一批批学生走上进步的道路。他始终团结进步教授和学生，积极支持学生运动，展现了共产党员的先进品质和革命精神。

  关键词：学生领袖；教书先生；隐蔽战士

  70 年前的武水河畔聚集了一群"坪石先生"。当时的中山大学法学院群英毕至，法学、社会学、政治学和经济学等学科的知名学者被时任校长许崇清集中聘用。在艰苦动荡的抗战岁月里，讲台上、陋室中、油灯下，王亚南、李达、梅龚彬等一批前辈大师们笔耕不辍，诲人不倦，让粤北山村的中山大学法

---

  * 本文主要根据以下文献整理而成。①梅昌明整理：《梅龚彬回忆录》，团结出版社 1994 年版，第 43~123 页。②黄瑶等：《百年传承：中山大学法科学人（1924—1953）》，中国法制出版社 2019 年版，第 197~207 页。③石雪峰："隐蔽战线上的卓越战士梅龚彬"，载《湖北文史》2013 年第 2 期。

  ** 韩登池，1967 年生，男，韶关学院政法学院教授，主要从事地方立法理论研究。

学院成为马克思主义研究与传播的阵地。本文以梅龚彬先生为线索背景，追忆"坪石先师"们的民族精神、家国情怀和学术成就。

一、人生经历

梅龚彬，又名逸仙，字电龙，笔名龚彬、笈越，化名张柏生等，湖北黄梅县人，1901 年 8 月 12 日生。1917 年入武昌启黄中学求学，1921 年考入上海东亚同文书院中华学生部读商业经济科。1924 年春学校成立学生会时，被推选为执行委员，并参加上海学生联合会活动。旋经贺昌、施存统介绍，参加社会主义青年团，在徐家汇创建团支部，任书记。同年夏，被聘为国民党中央上海执行部宣传委员会委员。次年初，加入中国共产党，任中共徐家汇支部第一任书记。"五卅"运动时，负责召集全市学生代表会并任总指挥。中共中央决定组织反帝统一战线，他作为上海学生界代表进入上海工商学联合会，被推选为向帝国主义者提出交涉条件的审查员之一。他编写了《上海英、日帝国主义者屠杀同胞之经过》一文，在全市印发。"五卅"运动以后，任中国国民党上海特别市党部中共党团书记，并被选任社会主义青年团上海地委委员和具有反帝性质的非基督教运动委员会书记。与此同时，中共徐家汇支部扩建为独立支部，仍由他任书记。至 1926 年初，中共徐家汇独立支部，已辖有工人、学生和农民等 6 个支部。同年春，从东亚同文书院毕业，他放弃学校、当局保送去日本留学的机会，坚守革命岗位。"四一二"政变后，遭到通缉，离开上海，到浙江、福建、香港等地。1929 年，在东京执行任务时被捕；1931 年回国后，转为秘密党员，直到"文化大革命"时才公开中共党员身份。20 世纪30 年代初期，梅龚彬曾任上海中国公学讲师、上海暨南大学经济系教授、上海商学院教授；淞沪抗战后，长期从事李济深、陈铭枢、蒋光鼐和蔡廷锴等人的统战工作，曾参与"福建事变"、组建中华民族革命同盟以及起草国民党民主派组织的纲领；1941 年 12 月起受聘为中山大学法学院经济学系教授，讲授《经济政策》《西洋经济史》《会计学》和《簿记学》等课程，曾任经济学系主任、法学院代理院长等职。1947 年，梅龚彬在"五卅一"运动中因支持学生运动被捕，后被解聘，避走香港。1948 年，参加组织中国国民党革命委员会。1949 年 9 月 21 日，中国人民政治协商会议第一届全体会议开幕，梅龚彬作为民革代表出席，被任命为政协全国委员会副秘书长。同年 10 月 1 日，梅龚彬参加了开国大典。

中华人民共和国成立后，历任全国政协委员、全国人民代表大会代表和常务委员会委员、民革中央常委等职。1975 年 8 月 1 日在江西宜春逝世，终年 74 岁。全国政协在 1980 年 1 月 18 日为他举行了追悼大会，悼词言："我们要学习梅龚彬同志忠于党、忠于人民、勤尽为人民服务，为共产主义事业贡献一生的革命精神。"生平著有《世界政治的回顾与展望》《华北之新局面》等，并主编了《社会科学大辞典》。

二、青年时代的学生领袖

梅龚彬在中学时期受到"五四"运动的洗礼，思想日渐活跃。1919 年，"五四"运动发展到武汉，在恽代英的领导下，武汉各校学生纷纷组织宣传队到街头演说，斥责北洋军阀政府，号召市民抵制日货。当时，尚未满 18 周岁的梅龚彬加入了演说者的行列。1923 年冬，在东亚同文书院读书期间，他参加了国民党（当时，共产党正在帮助改组国民党）。1924 年春，东亚同文书院中华学生部成立学生会，梅龚彬被推选为执行委员，并作为代表出席上海市学联大会。同年夏，他被国民党中央上海执行部聘为宣传委员会委员（该委员会的召集人是恽代英）。1924年秋，他加入社会主义青年团，担任徐家汇团支部的第一任书记（该支部团员均是东亚同文书院学生，又称"同文团支部"）。1924年11月，孙中山发表《北上宣言》，主张召开国民会议以谋求中国的统一和建设。当时，共产党正在帮助孙中山到各地宣传国民会议，梅龚彬受恽代英指派到湖北武汉、黄石、大冶、武穴、黄梅等地进行宣传。在家乡黄梅宣传期间，他为建立少年黄梅学会做了大量工作（该学会是黄梅县早期有影响力的进步青年组织）。1925年春，梅龚彬自湖北返回上海后立即投入沪西罢工，并由恽代英和沈泽民介绍转为中国共产党党员。转党后不久，中共徐家汇支部成立，梅龚彬担任书记。"五卅"运动期间，在党的领导下，梅龚彬发动上海市学生声援工人罢工斗争，参加了上海市罢工、罢市、罢课的联络和指挥，并作为上海学生界代表出席了上海工商学联合会，名声很大，被誉为"虎将"。1926年春，梅龚彬自上海东亚同文书院毕业，放弃了由该院保送到日本留学的机会，服从党组织的安排，在国民党上海特别市党部做专职党务工作，自此离开学联。

三、坪石时期的教书先生

梅龚彬曾说："解放前，中大是我连续工作时间最长的单位，我对它怀有极其深厚的感情。"除了在中山大学正式任教的五年半时间，梅龚彬与中山大学的渊源还可以追溯到抗战爆发前。可以说，梅龚彬对中山大学的学生运动具有重要影响，对党的进步思想在中山大学的传播起到了重要作用。

梅龚彬能够到中山大学任教得益于王亚南教授的牵线。王亚南于 1940 年被聘为中山大学法学院教授兼任经济学系主任，梅、王二人相识于 20 世纪 30 年代初期。当时，梅龚彬经常与上海文化教育界的中间人士和进步人士打交道，包括神州国光社的胡秋原、王礼锡、王亚南、刘叔模、方天白等，以及在大学教书的区克宣、漆琪生、黄中等，还有积极从事抗日救国运动的左派民主人士沈钧儒、王造时、彭文应等。其中，王亚南、漆琪生、黄中、王造时在之后的不同时期均先后任教于中山大学法学院。王亚南是神州国光社的重要成员，1933 年曾与梅龚彬一同参与"福建事变"。

1941 年冬，王亚南从坪石寄信至桂林，告知梅龚彬中山大学决定聘用一事。按照惯例，大学一般于每年假前发出聘书，新学期起算任期。由于王亚南教授的大力帮忙，加上蒋光向许崇清校长写的推荐信，使得梅龚彬能破例在寒假前接到聘书。根据聘约，梅龚彬自 1942 年 1 月起担任中山大学法学院经济学系教授，讲授《经济政策》和《西洋经济史》两门课程。为此，梅龚彬利用寒假时间抓紧写讲义，为新学期作准备。

1941 年底，梅龚彬在桂林接到中山大学聘书后，便辞别李济深到坪石报到。据梅龚彬本人回忆，他于 1942 年失去与党组织的联系，直到抗战胜利后才重新接上组织关系，故他在中山大学任教的近六年时间内，均不能以党员身份与其他党员进行接触。在中山大学期间，他主讲《经济政策》和《西洋经济史》两门课程，偶尔还兼授《会计学》和《簿记学》。1944 年下半年，在经济学系主任王亚南教授到福建兼课期间，梅龚彬兼任代主任一职。抗战胜利后，中山大学迁回广州石牌。1946 年初，梅龚彬担任经济学系主任同时兼任法学院代理院长。1947 年 5 月底至 6 月初，在"反饥饿、反内战、反迫害"示威游行与"五卅一"运动期间，梅龚彬因支持学生运动而被逮捕，一同被捕的还有其妻龚冰若。在时任国民政府军事委员会广州行营副主任蒋光鼐的帮助下，梅龚彬夫妇才顺利逃离石牌，后取道中山、澳门到香港。

中山大学在坪石办学期间的条件极为艰苦，学生亦大多来自沦陷区，梅龚彬非常关怀和爱护学生。他们一家租住在"上前街 23 号内进"，共三间民房，月租总额为 70 法币。梅龚彬常常招待学生到家里一起研讨学术问题、议论国际国内时局，偶有学生留下用餐，虽是粗茶淡饭，却有滋有味。往来不断的学生为梅龚彬的生活增添了无穷生气。1941 年度上学期，梅龚彬讲授《合作经济》《工业政策》《政党论》《中国现代政治问题》等四门课程，各两个课时。1943 年暑假，梅龚彬曾到桂林为中山大学招生。1943 年度，梅龚彬作为导师，指导学生 21 人。1944 年度，梅龚彬讲授的课程有《商业政策》《工业政策》《西洋经济史》《会计学》等四门，同时完成了工业政策及日本问题研究的讲义稿。据学生回忆，梅龚彬经常在课堂上讲马克思主义政治经济学原理和社会发展史，非常受欢迎。1944 年夏，经济学系主任王亚南教授离开坪石前往福建永安，担任福建省研究院社会科学研究所所长（1945 年初兼任厦门大学客座教授），梅龚彬兼任经济学系代主任一职。

梅龚彬在中山大学任教五年半，1947 年 6 月因受国民党反动派迫害才离开。如前所述，大学生不仅爱听梅龚彬讲课，而且常常成群结队到梅家中讨论学术问题和国内外时局。1944 年下半年，梅担任经济学系主任。1944 年底，中山大学疏散，他随西路去粤北连县。1945 年春，任中山大学连县分校法学院主任。抗战胜利后，中山大学迁回广州石牌，梅于 1945 年 10 月底到达广州。1946 年初，任法学院代理院长，仍兼经济学系主任。由于梅龚彬是经济学系的学术带头人，1946 年夏，由国民政府教育部颁发两年期的聘书，成为中山大学为数不多的"部聘教授"。

梅龚彬因支持学生反美反蒋斗争，拒绝解聘和开除进步师生而受到国民党反动派的迫害。1947年5月30日，中山大学学生在广州举行"反饥饿、反内战、反迫害"示威游行。第二天早晨，国民党宪兵和特务冲入石牌搜捕中山大学进步师生，梅龚彬夫妇也在被捕之列。愤怒的中山大学师生包围了中山大学三青团部，迫使特务释放临时拘押在那里的梅龚彬夫妇。6月，梅龚彬被中山大学解聘。

对于梅龚彬来说，任教中山大学的近六年时间，是他革命生涯中的一段小憩。抗战时期，他在粤北坪石极为困难的条件下办好教学；抗战胜利后，在学校回迁广州石牌时，他协助校舍接收以及主导法学院教务恢复工作。他始终团结进步教授和学生，积极支持学生运动，展现了共产党员的先进品质和革命精神。在中山大学近六年的教书生涯中，他身体力行、言传身教，影响了一批批学生走上进步的道路。除了在课堂上积极讲授马克思主义经济学原理知识和传播真理，梅龚彬还精心培养学生干部，亲自"传、帮、带"，在他的关怀备至下学生迅速成长。知名爱国民主人士张克明回忆说，自己曾提出希望到延安接受革命教育，但梅龚彬认为他应善于利用个人的社会关系和条件进行组织和宣传工作，即使不在延安，也能为救国工作效力。于是，身为龙川县人的张克明在中山大学战务团到龙川后，利用对家乡熟悉的优势，不遗余力地协助服务团工作的开展，帮助服务团扎根龙川。另外，梅龚彬经常叮嘱在蒋管区工作的同志要特别警惕，不要露出丝毫破绽。一次，杰出的爱国民主人士方少逸从香港带一些文件回广州，因还是穷学生，西装寒酸又没打领带。当时学生运动轰轰烈烈，梅龚彬提醒他这身打扮一眼就会被识破，于是建议方少逸换上新的衬衣，并系上领带，昂首挺胸不畏畏缩缩，方少逸果然顺利过关，而梅龚彬观察事物的谨慎细致也给方少逸留下了深刻印象。梅龚彬曾派方少逸作为学生界代表到上海参加"全国学生救国联合会"代表会议以及"全国各界国会联合会"代表会议，使之得到了实际政治斗争的锻炼，为日后方少逸独立开展工作打下了基础。

四、隐蔽战线上的卓越战士

在中国共产党历史上，曾经有千千万万的党员在隐蔽战线上工作，也曾经有千千万万的同志因工作需要在隐蔽战线上跨党工作，并卓有建树，梅龚彬便是其中一员。

由于既信仰三民主义，更崇尚共产主义，梅龚彬先后加入中国国民党和中国共产党。15 岁那年，他就深深受外面世界吸引并坚定地报考并被黄州府立启黄中学录取，到设在省城武昌的新校就读。到达武昌后，梅龚彬眼界大开，他广交朋友，广泛接触社会，广泛阅读进步书刊，思想日趋活跃。至"五四"运动爆发时，未满 18 岁的他根本不征求父母意见，就毫不犹豫地参加了爱国学生运动，并在学联主席恽代英的领导下，和同学们一道走上街头，登高演说，痛斥丧权辱国的北洋政府，号召市民抵制日货。虽因参加此次活动而遭警察逮捕，但梅龚彬却第一次获得了爱国、为正义而斗争的喜悦。经受过"五四"运动洗礼的梅龚彬在政治上已较成熟了，但他怎么也忘不了从甲午战争到"二十一条"中国所蒙受的奇耻大辱，心永远向着苦难的中国人民。在上海东亚同文学院学习期间，梅龚彬就通过同乡同学宛希俨的介绍，接触到了中国共产党组织，并在党的领导下，积极投身于工人运动，全力支持沪西日资纱厂工人罢工斗争。1923 年冬，中国国民党在东亚同文学院建立国民党基层组织，鉴于梅龚彬的积极表现，首批吸纳他为党员。翌年夏天，他被国民党中央上海执行部聘为宣传委员会委员，而这个委员会的召集人是恽代英。恽代英是梅龚彬仰慕已久的青年革命家，在恽代英的指导和帮助下，梅龚彬为党从事工运、青运、宣传和统战工作，经过近两年时间的考验，1925 年 2 月，在沪西罢工斗争中，恽代英和沈泽民介绍梅龚彬加入了中国共产党，不久后，梅龚彬即担任中共徐家汇支部书记。

当时正值国共合作北伐时期，梅龚彬既是国民党员，又是共产党员，在两党中都担任了重要职务，工作十分繁忙。1926 年春，梅龚彬以优异的成绩毕业于上海东亚同文学院。大学毕业后，他没有向谋求个人安乐职业方面发展，而是心系革命，并从此一心扑在党的事业上，走上了职业革命家的道路。

如前所述，梅龚彬于 1929 年在东京执行任务时被捕；1931 年回国后，转为秘密党员，直到"文化大革命"时才公开中共党员身份。1929 年 8 月，梅龚彬以中共中央特派员身份前往日本东京执行一项有关共产国际的重要任务时，不幸被日本警察逮捕。被捕期间，梅龚彬始终保守着党和共产国际机密，挫败了日本法西斯当局制造的"第三国际颠覆案"的阴谋。1931 年 7 月，梅龚彬回到上海，时任中共中央委员、江苏省委书记的陈云代表党向他布置新的工作任务，要求他借去日本在党内几乎消失了三年又在日本坐过牢的契机，公开脱离共产党组织，从此以非党人士的身份公开活动。7 月下旬，党组织派潘汉年与梅龚彬单线联系，此后，梅不再参加基层组织活动。潘汉年派给梅龚彬的任务为：在白区利用各种关系广泛接触国民党上层人士，了解他们的动态，在适当时机对其中可以争取的力量做统战工作。为了更好地做地下工作，1932 年，他正式改名梅龚彬，原名梅电龙便渐渐鲜为人知。

为了能在白色恐怖笼罩下的上海进行活动，梅龚彬以"灰色"政治面目出现在上海文化界，以"灰色"文化人面貌与人交往。1931年冬至1932年夏，梅龚彬在CC系的上海《晨报》馆工作，主要是在经济版翻译外电新闻，有时亦助编国际版。1932年冬，受中华书局邀请，他担任《新中华》杂志的特约撰稿人。与此同时，1932年上半年，梅龚彬被上海中国公学聘为讲师，同时在上海暨南大学兼课。因教学深受学生欢迎，下半年，他晋升为暨南大学经济系教授，后又被上海商学院高薪聘为教授。这一时期，梅龚彬的稿酬和工作收入颇为丰厚，但他只把小部分用于赡养家庭，其余大部分均用于党的活动和接济生活困难的同志。另外，为了完成党组织交付的任务，淞沪抗战后，梅龚彬选定十九军的高级将领为团结对象，争取他们脱离蒋介石的控制从而走上与共产党合作的反蒋抗日道路。

直到1947年，梅龚彬因"石牌风暴"（反内战学潮，梅是实际组织者）被中山大学解聘而再次来到香港，才见到了阔别六年的老上级潘汉年，恢复了同党组织的联系。中华人民共和国成立后，奉中共中央指示，梅龚彬仍以秘密中共党员身份继续留在民革工作，并担任中共驻民革党支部书记，直到"文化大革命"时才公开中共党员身份，可谓是隐蔽战线上的卓越战士和职业革命家。

冼玉清与岭南大学的情缘[*]

宁夏江^{**}

摘　要：冼玉清与岭南大学结下了深厚的情缘。她拒绝了众多高校的邀请，一生执教于岭南大学（后并入中山大学），在时势艰难时期全力支持学校办学；她对学生充满关爱；她把毕生的精力奉献给了岭南大学的教育与学术事业。

关键词：冼玉清；岭南大学；教育与学术

冼玉清先生出生于澳门一个富裕的家庭。1907 年，她入澳门灌根学塾（即子褒学校）学习，为陈子褒（荣衮）弟子。她在灌根学塾读书期间，陈子褒特别用心培育她，她成绩优异，颇有才女之名。23 岁那年，父母带她去广州游玩，得以参观岭南大学（以下简称"岭大"）校园。她觉得岭大远离繁华闹市，校园环境优美，是个安静读书的好地方，于是从香港圣士提反女校转入岭大附中读书。1920 年，25 岁的冼玉清从岭大附中毕业，考入岭大文学院。1924 年，29 岁的冼玉清从岭大文学院毕业，第二年，任岭大国文系助教，随即被岭大校长钟荣光聘为岭大博物馆馆长。1935 年，冼玉清任岭大国文系副教授，

　＊　本文是韶关学院科研项目"抗战时期岭南大学迁校粤北办学研究"阶段性成果。

　＊＊　宁夏江，1969 年生，男，湖南邵阳人，韶关学院文学院教授，主要从事中国古代文学研究。

又任广东通志馆纂修、广东省文献委员会委员。这时她已经40岁了，可以说已经事业有成，然而始终没有成家。一个女人到了40岁还不出嫁，难道是不打算成家了吗？

事实确实是这样，冼玉清先生不打算嫁人，不打算成家，她早已把爱献给了岭南大学，以身许岭大的教育和学术事业。据冼玉清的好友兼同事秦牧先生回忆，有一次他和冼玉清一室对谈，谈到融洽、高兴的时候，秦牧突然单刀直入问道："冼姑，我有一个问题想问你，但不知方便不方便？"她表示"可以"。秦牧率直地问："你为什么不结婚？"她平静地答道："啊！是这样的。我年轻的时候决定献身学术，像我这样的人，一结婚，必定是个贤妻良母，就很难专心治学了。左思右想，就决定终生不结婚了，这在我是作出了牺牲的，不要说别的，岭南大学欺负我独身，他们说我没有负担，长期给我的工资只是 half pay（付一半）。"秦牧听了，不觉为之惘然，也不觉为之肃然起敬。[1]冼玉清对于她不结婚的原因的说法是完全可信的。在她的《自传》底稿中也有这么一段话："我一生受他（陈子褒）的影响至深，也立意救中国，也立意委身教育。自己又以为一有室家，则家庭儿女琐务，总不免分心。想全心全意做人民的好老师，难免失良母贤妻之职；想做贤妻良母，就不免失人民教师之职，二者不可兼，所以十六七岁我就决意独身不嫁。"[2]

冼玉清年轻的时候，属于端庄秀丽的女性，没有矜持高傲，更没有妖冶艳丽，总是温文尔雅。读她回忆青年时代的一些作品，字里行间可以读出人们曾赞美她的美丽。就是到了中年时

---

〔1〕 广东省文史馆、佛山大学佛山文史研究室编：《冼玉清文集》，中山大学出版社1995年版，第2~3页。

〔2〕 广东省文史馆、佛山大学佛山文史研究室编：《冼玉清文集》，中山大学出版社1995年版，第867页。

代，冼玉清还是保持了特有的气质和风度，她对人热情、平易、和善，穿着绿袍、绸衫裤一类的中式服装，非常整洁。她有时也往髻上簪一匝鲜花，颇有闺秀作家的风范，从她身上仿佛可以看到李清照、朱淑真、陈端生等人的身影。所以，尽管她已立下了"不嫁"的决心，仍有不少文人学士追求她。一位相当有名的男教授在晚年的时候就曾经坦陈青年时代追求过冼玉清。冼玉清赋诗谢绝："香饵自投鱼自远，笑她终日举竿忙。"〔1〕一位女学人，有相当地位，而又一直没有结婚，在任何社会都会引起人们背后的许多议论，但为了治学，冼玉清无视社会流言蜚语，放弃了个人的婚姻幸福，而且说到做到，这是非常不容易的。

冼玉清先生在十六七岁就决定独身不嫁，自23岁那年爱上岭大，便身许岭大，以岭大为家。她对岭大诚挚的爱主要体现在以下四个方面：

第一，她对岭大一往情深。冼玉清在被岭大聘为国文系讲师（1928年）的时候，就已是知名学者了。1929年，冼玉清应燕京大学教务主任周钟岐之邀，参加燕京大学校舍落成典礼，当时燕京大学国文系主任马季明延请她到燕京大学讲文学概论，清华大学教务长杨金甫拟请她到清华大学主讲诗学，都被她谢绝。冼玉清对岭大的深厚情怀深深感动了岭大校长钟荣光，为了留住这位学术声望很高的学者，他破例专拨"九家村"一宅让冼玉清独居，是为她一生最钟爱的"琅玕馆"。1942年，冼玉清从澳门赶赴已内迁粤北复课的岭大，途中广东文理学院欲以厚礼延聘她，贵州大学也欲延聘，当时任职于贵州大学的张西堂、岑家梧、罗香林等教授从战乱安全角度考虑，都驰书敦

---

〔1〕 广东省文史馆、佛山大学佛山文史研究室编：《冼玉清文集》，中山大学出版社1995年版，第2~3页。

促她前往贵州大学任教，均被冼玉清谢辞。1945 年初，粤北战事再度告急，岭大疏散至南雄黄坑。同年 2 月，冼玉清好友周郁文来函邀请冼玉清前往藤洞担任其在当地所办学校校长，黄锡凌专程从仁化来到黄坑，接冼玉清同赴东江办学，亦欲聘冼玉清为校长，皆被冼玉清谢绝，她毫不犹豫地选择和岭大师生在一起。她在《黄坑避难记》中写道："晚近人心日漓，知有势利而不知有道义……若为啖饭而往就校长，实非所愿。故终负二君嘉招，仍留在黄坑暂住。"抗战胜利后，岭大重新在广州复课，冼玉清随校返回她挚爱的康乐园。1952 年，岭南大学并入中山大学，冼玉清聘为中山大学中文系教授。1955 年，她从中山大学退休，当时香港的朋友、学生邀请她赴港执教，开出了很高的酬薪，皆被她谢绝。澳门家人邀她返澳寓居，亦被她婉拒，她继续留在中山大学，留在她熟悉的康乐园。

　　第二，她在时势艰难时期全力支持岭大办学。1937 年，"卢沟桥事变"爆发，日本全面入侵中国。8 月 17 日，广州警察局通告市民即日离市回乡，官眷亦正式命令迁徙，是时居民举家转徙回乡或至香港澳门者，有空巷之势……冼玉清家居澳门，完全可以回家躲避战乱，但她觉得越是战乱时期，人心惶惶，岭大越是需要能冷静应对的教师，于是她与少数教员"孤处岭南大学如恒"。[1]直到 1938 年 10 月，日军从大亚湾登陆，向广州进犯，岭大宣布疏散，冼玉清才不得不回到澳门避难。同年 11 月，岭大在香港复课，冼玉清听到消息后非常喜悦，即从澳门赶赴香港，回岭大任教。1941 年 12 月，香港沦陷，日伪组织香港东亚文化协会，欲请前清翰林张学华和冼玉清两人牵头出面，遭到冼玉清严词拒绝，并以诗明志："国愁千叠一身遥，肯

〔1〕　冼玉清："广州八夜空袭之经历"，载《大风》1941 年第 82 期。

被黄花笑折腰。"1942 年初，岭大决定迁校粤北曲江仙人庙（今韶关浈江区犁市镇大村）复课，经过几个月的艰苦营建，校园初具规模，时任岭大校长李应林托人邀请冼玉清返回岭大，冼玉清不顾家人亲友挽留劝阻，也不顾旅程艰辛漫长，更不顾个人生命安危，毅然冒险返回内地，从寸金桥出发，辗转经过遂溪、廉江、盘龙、郁林、柳州等地，抵广西桂林，历时一个半月，终抵粤北曲江岭大新校区（"岭大村"）。1943 年，鉴于冼玉清的学术声誉和她特立独行的人品，国民政府教育部鉴定她为甲级正教授。1944 年，日寇逼近粤北，曲江告急，岭大随即疏散，冼玉清随校迁徙至连县，后战事稍缓，岭大又复课于曲江，冼玉清即从连县赶回曲江。她对国难时期自己追随岭大迁徙办学有感云："顾玉清有家濠镜，尚馀薄田，使归而苟安，未尝不可。以隔岸观火，优游得计，乃人之以为乐者，我甘避之；人之以为苦者，我甘受之。冒硝烟弹雨之至危，历艰难凄痛之至极，所以随校播迁，辗转而不悔者，岂不以临难之志节当励，育才之天职未完，一己之安危有不遑瞻顾者哉!"〔1〕

第三，她对岭大学生充满关爱。冼玉清对教学一丝不苟，认真严谨，学识相当渊博，每堂课都让学生获益匪浅。她对学生非常和蔼，没有半点教师的架子，因而深得学生的喜爱，她的学生除了称她冼教授，也称她"冼子""冼姑"。在岭大学子众多对老师的回忆录中，提到最多的便是校长李应林和冼玉清。岭大有一位学生叫余立中，他在回忆录中写道："在我的记忆中，给我印象最深的是李应林校长，他谆谆的教导和那种办学认真艰苦奋斗的精神，使我永远难以忘怀。另一位是冼玉清教授，她那细致的教学态度和深博的文学修养，使我无限敬佩。

〔1〕 冼玉清："流离百咏"，载陈永正、徐晋如编纂：《今文选·拾今文言》，中国言实出版社 2015 年版，第 122 页。

记得我上她第一堂课时，她讲授宋代著名女词人李清照的名篇《声声慢·秋情》'寻寻觅觅，冷冷清清，凄凄惨惨戚戚。乍暖还寒时候，最难将息'，这首词到目前我还背诵得滚瓜烂熟，每诵读这首词就想起她当时的教态和形象。她那透彻的讲解和对词义的分析，（对）启发我对古典诗词的学习和爱好起到决定性的作用。我上她的课时正坐在最前列，可以说与她面对面而坐，听课最为清楚，对她的形象最为深刻。俱往矣！良师虽不在人世，但在我的脑海中永远也泯灭不了她那温文尔雅的风采。"〔1〕还有一个叫黄淦亮的学生回忆说，岭大在粤北曲江办学期间，他有一次和三个女同学与冼玉清一同去曲江，当夜没有来得及赶回学校，为了节约，他和三个女同学及冼教授共宿一只艇中。"冼子是五岭以南的名诗人，她教我们大学一年级的国文，我们都以此事为荣。"〔2〕

特别值得一提的是，冼玉清先生平时生活极为简朴，物质享受在她眼里不值一提，她用钱是非常节省的，但却经常资助贫困的师生。她曾经资助岭大学生、音乐家冼星海赴法留学，一次就拿出了 500 元（20 世纪 30 年代早期的 500 元价值相当可观，大概够一个人好几个月的伙食费了），然而她从不声张，很少为人知道。

第四，她以毕生的精力致力于岭大学术。岭大是教会学校，在当时并不是中国最前卫思想文化的摇篮。但岭大的学术体现出深厚的传统文化精神，体现出一种强烈的人文主义情怀。在岭大校园里有一群不能"因时而化"的知识分子，因不识"人

---

〔1〕 参见李小琼等：《大村岁月：抗战时期岭南在粤北》，"大村岁月"出版组1998 年版。

〔2〕 参见李小琼等：《大村岁月：抗战时期岭南在粤北》，"大村岁月"出版组1998 年版。

时眉样"，不羡"浮世花事"，只好"我与世面相违"，冼玉清先生就属于这一类知识分子中比较典型的一个。她曾做过自我检讨："我向往'贤人君子'的人格，我讲旧道德、旧礼教、旧文学，讲话常引经据典，强调每国都有其民族特点、文化背景与历史遗传。如毁弃自己的文化，其祸害不啻亡国"，"我常游于古迹之间，临风独立，思古之幽情，神游超世"。[1]这虽是份检讨书，却对岭大的学术特点进行了概括，更对她自己的学术特点进行了概括，传达出她对自己民族历史与文化传统的执着和热忱。

冼玉清先生终身未嫁，一生以学术为伴侣，悉心研究，勤奋笔耕，著述甚多，这在当时岭大女教师中，是绝无仅有的。她的著作主要有《元赵松雪之书画》《元管仲姬之书画》《梁廷楠著述考》《南州藏书楼所藏广东书目》《粤东印谱考》《民族女英雄冼夫人》《读宋史岳飞传》《记陈辑五教授纪念会》《广东女子艺文考》《忆杨果庵先生》《朱九江先生对外之正义感》《忆万木草堂与灌根草堂》《改良教育前躯者——陈子褒先生》《古礼与西礼之比较》《广东鉴藏家》《君子之基本思想》《岳雪楼之鉴藏印章》《第一届驻日公使何如璋》《刘禹锡与连州》《建燕嘉亭之王仲舒》《静福山之文献》《孟宾于之诗》《苏轼居儋之友生》《粤东掌故录》《招子庸研究》《广东丛帖叙录》《陈白沙碧玉考》《天文家李明彻与漱珠冈》《何维柏与天山草堂》《杨孚与杨子宅》《近代广东文钞》《记冒鹤亭先生》《黎二樵两事》《粤人所撰论画书籍提要》《广东释道著述考》《广东文献丛谈》《粤讴与晚清政治》《清代六省戏班在广东》等。上面不厌其烦地罗列出冼玉清先生主要的学术著述，旨在让读者从她

---

〔1〕 达辉："独留挚爱向人间——忆著名史学家和女诗人冼玉清"，载《海外校园》1999年第10期。

的这些著述中清楚地了解，冼玉清先生的学术可以概括为传统主义、民族主义、爱国主义、女性主义、乡土主义等五个主要的特点，这与岭大的学术传统是深度契合的。岭大也正是有冼玉清等一批学者而使其传统的学术特色更加光大。至于她在《大光报》《宇宙风》《国民日报》《羊城晚报》《大公报》《文汇报》等报刊上发表的系列文章，就不再一一枚举了。

冼玉清先生是个爱国主义者，她把对国家的爱扎根于对岭大教育和学术事业的奉献之中。读冼玉清先生生平事迹，尤其让人感动的是由于她没有成家，岭大在一段时期内只发了她一半的工资，而全国许多有名的学府争着聘她前去任教，但她不为高薪所动，毅然留守在她喜爱的康乐园内教书育人，她的这种守望精神怎能不令人崇敬？当前，有部分学者为了获得高薪，来往奔波于应聘之中，学术成了与用人单位讨价还价的筹码，如此行径对比一下冼玉清先生，岂不愧赧耶！

"以研究的态度进行教学"

——抗战时期王亚南在粤北的教学方法

梅献中*

摘　要： 在抗战时期的粤北坪石，王亚南"以研究的态度进行教学"的理念及其实践，蕴含着丰富的内涵和巨大的价值。他通过重视通识教育、打好学生基础，鼓励质疑问难、强调独立思考，重视社会调查、理论联系实际，提倡教学相长、反对闭门独学，开展学术活动、推动学术进步等多种途径和方式进行了"以研究的态度进行教学"，这种态度和方法深刻启迪着我们当前的教育教学工作。我们应当像王亚南那样，做一个坚定的马克思主义传播者、实践者；学习他善于"役用"的精神，勇攀科学高峰；接受他的教诲，养成"共学"的习惯，早日成才。

关键词： 王亚南；抗战时期；粤北坪石；"以研究的态度进行教学"；马克思主义

王亚南是中华人民共和国著名的经济学家和教育家、厦门大学前校长，毕生致力于马克思主义经济学在中国的翻译、传播和本土化发展，致力于以厦门大学为中心的我国的高等教育

　＊　梅献中，1969 年生，男，韶关学院政法学院副教授，主要从事行政法学教学研究。

教学事业。抗战时期的 1940 年 9 月到 1944 年 7 月间，他被聘为中山大学法学院经济学系主任，在粤北坪石从事经济学的教学与研究工作，他提倡并践行的"以研究的态度进行教学"的态度和方法既卓有成效，也深刻启迪着我们当前的教育教学工作。

一、抗战时期王亚南在粤北的教学实践

随着日本侵华战争的扩张，1938 年 10 月，日本侵略者绕到大亚湾登陆进犯广东，10 月 21 日广州沦陷。危难之际，中山大学紧急撤离至云南澄江。1940 年 8 月，在代理校长许崇清的带领下，中山大学又从云南澄江回迁到粤北重镇乐昌坪石。1944年底，战火又逼近坪石，中山大学不得不再次迁校。这样从1940 年 8 月到 1944 年底，抗战期间的中山大学在粤北度过了 4年多的艰苦岁月。在此期间，从 1940 年 9 月到 1944 年 7 月，王亚南和其他学科的学者一起，受聘为中山大学法学院的教授，在烽火岁月、艰苦环境中坚守学者良知，扎根粤北大地，开展教学研究，传播革命思想，走学术救国之路，为新中国培养、储备了大批人才。

（一）重视通识教育，打好学生基础

抗战时期，中山大学和国内其他高校一样，十分重视学生的通识教育，强调基础学科、基础知识的重要性，主张"广博"与"专精"的统一，培养学生合理的知识结构。王亚南在担任法学院经济学系主任期间，乃至他后来担任厦门大学的教授、法学院院长和厦门大学校长的岗位，都始终坚持上述理念和做法。他认为，治学要奠定基本理论知识的基础，要注意积累广博的知识，即基础要宽。基础宽的目的是为了深，同时也只有宽了才能专和深。之所以这么说，是因为任何一门专门的学科都是以一般知识作基础的，没有广阔坚实的知识基础，专门的

学科便很难学得专、学得深。同时他也认为，仅有广阔坚实的
基础是不够的，还必须做到"专"和"精"，否则基础的广阔
坚实也就失去了意义。基础知识必须通过专门学科的学习与运
用加以巩固和提高，必须通过专门学科表现出来，否则，泛泛
而读必然劳而无功，基础打得再好也只是基础而已。这段论述，
对广大治学者来讲，简直是振聋发聩之言。就王亚南自身而言，
他不但在经济学学科上有雄厚的实力，而且对哲学、历史学、
教育学以及文学等都有广泛的学识和兴趣，这就使得他具有驰
骋于社会科学之林的学术自由，也使得他有创造性地发展经济
理论的自由。[1]抗战期间中山大学在粤北坪石的教学，很注重
基本训练，学生大一时不过早分系，要求对一般学术的基本训
练必须深厚，以便学生将来深造。中山大学法学院各系要求必
修外语，语种为德语、日语、英语三种，将自然科学列为文科
生的必修科目，社会科学列为理科生的必修科目。这样中外、
文理交叉汇通，相互渗透，既为学生打下了宽广的知识基础，
也拓宽了学生的学科视野。[2]

（二）鼓励质疑问难，强调独立思考

质疑问难既是治学的一般规律，也是王亚南教学科研的成
功之道。在坪石中山大学法学院任教期间，王亚南主讲了法学
院经济学系的《经济思想史》《中国经济史》《经济学》《高等
经济学》等课程。在教学中，他总是在阐述该门课程的目的、
意义与内容之前，先提出一个问题，即"应当用什么态度来学
习这门课程——研究的态度"。这包括三个方面：第一个方面，

〔1〕 李枭鹰、邬大光："王亚南教育思想述评"，载《厦门大学学报（哲学社
会科学版）》2007年第3期。

〔2〕 王延强："抗战时期高校学生管理研究：以国立大学为中心"，西南大学
2013年博士学位论文。

作为学习者的态度，不必强求自己的意见与讲授者的意见一致，而应当与自己的意见一致。他说，研究经济学的目的，在于探求经济的法则，发现其真理。真理不是讲授者说了就算数的；对于讲授者的意见，只可以当作一种重要的启发，但必须有自己的见解，绝不可人云亦云。第二个方面，应当注意对各种学术观点的判断、抉择，就是说不应当把多种不同的意见，不加分析地兼收并纳，而如何抉择，就要靠自己去分析和判断。第三个方面，"应当作理论研究的主人而不应当作为其奴隶"。即不应当死背硬记那些原理、原则，而应当借用"役用"的原理、原则去解决实际问题。[1]在粤北坪石的教学中，王亚南晚上经常提着油灯到礼堂里对学生进行辅导，答疑学生的问题。如什么是"二五减租"，什么是"庄园经济"等，在质疑问难中使学生们明白了很多重要的道理。[2]王亚南所提出并践行的质疑问难、"研究的态度"，对于当时那些抱残守缺的学阀们是勇敢的挑战，对于追求真理的青年学子们，却是开启心灵的钥匙，为马克思主义经济学的传播和发展，起到了重要的启发和指引作用。

（三）重视社会调查，理论联系实际

为应用马克思主义经济学原理分析研究中国当时的社会经济，作为经济学系主任的王亚南经常组织年轻的助教和学生们走出校门，到社会上调查研究中国的经济问题。他亲自推动组建了中山大学的经济调查处，把十余名助教和部分学生组织起来，分别承担农业、工业、财政金融以及生产和消费合作社等实际问题的调查工作。通过社会调查，以活生生的第一手材料，揭露当时的社会弊病，进而提出他们的见解和主张。王亚南自己的重要学术著作《中国经济原论》，就是在这个时期运用《资本论》的基本原理和概念范畴，在调查的基础上对中国半封建半殖民地社会经济的实际问题进行系统的研究。该书揭示了传统的封建地主经济的本质联系和运动规律，说明旧中国那些具有资本主义外观的各种经济形态，如雇佣劳动形态、商业资本形态等，在本质上都是中国封建经济的特殊性格的具体表现。[1] 1941 年 5 月，中山大学经济学系应届毕业班组织经济考察团到桂林、衡阳、长沙考察，经济学会与经济调查处前往广东乳源梅花乡进行农村经济概况及家庭经济调查等。[2] 这些调查使师生们对中国社会经济有了更加具体深入的了解，既丰富了教学内容，也推动了专业建设和经济学学科的发展。

（四）提倡教学相长，反对闭门独学

教学不是一个老师的"独角戏"，不能只顾自己的"表演"，而忽略台下的"观众"，否则，这场戏可能很快就没人看了；即使有人看，也因为老师不能与观众形成很好的互动，不能及时照顾观众的情绪和需求，而不能获得更好的效果。王亚南深知这一点。根据王亚南自己的回忆，1940 年他开始给中山大学经济学系学生讲授高等经济学，当时选用的教材是他和郭大力先生合译的里嘉图的《经济学及赋税之原理》。但学生们听了似乎感觉很枯燥，课堂气氛也比较沉闷。于是，第二年他再讲授这门课时，就不再"照本宣科"，而是联系了中国经济的实际，如讲授价值论时联系中国的商品价值，讲授地租论时联系

---

〔1〕 甘民重、林其泉："王亚南传略"，载《党史资料与研究》1987 年第 4 期。

〔2〕 吕雅璐主编：《抗战烽火中的中山大学》，中山大学出版社 2017 年版，第 196 页。

中国的地租问题等，授课内容的及时改变使学生们也因此活跃起来。再后来，他索性抛开了这部被誉为继亚当·斯密《国富论》之后的最著名的经济学大著，直接用一般经济理论分析中国的经济问题，如用价值论分析中国的商品价值，用利润利息论分析中国的利润利息形态等，引起了学生们的极大兴趣，[1]授课效果随之大变。

王亚南非常赞同孔子"独学而无友，则孤陋而寡闻"[2]的主张。他认为，一个人做学问，不仅要依靠自己的独立钻研，也需要老师的指点和同学的帮助，需要相互之间的切磋讨论。因为"独学而无友，则孤陋而寡闻"，常致"教之所由废"，而"相观而善之谓摩"，常使"教之所由兴"。为此，他主张"共学"，告诫学生不要忽视共学的重要性，因为"独自一个人学习，易使人流于孤僻，流于孤陋"。孤僻使人狭隘，孤陋使人寡闻。他的话非常具有警示意义，很多人就是因为不懂得"共学"的重要性，或者虽然懂得但不能身体力行，结果要么陷入孤陋寡闻，要么陷入劳而无功，走了很多弯路，总不能取得像样的成就，令人惋惜。

（五）开展学术活动，推动学术进步

中山大学自诞生时起，学术风气就比较自由，学术交流也比较频繁。各院系教授创办期纸，举办讲座演讲，有力推动了中山大学学术的发展与繁荣，也有助于取得更好的教学效果，这种现象即使在抗战时期的粤北坪石也不例外，王亚南就担当了其中十分重要的角色。当时的法学院出版有《社会科学丛书》《政治学周刊》《政治学论丛》等刊物。1942 年 3 月，法学院院务会议决定复办已停刊的《社会科学论丛》，由院长钱清廉，各

---

〔1〕 王亚南：《中国经济原论》，广东经济出版社 1998 年版，初版序言第 1~2 页。
〔2〕 《礼记·学记》。

系系主任王亚南、任启珊、胡体乾及有关教授共九人组成编辑委员会。1942 年初，王亚南创办《经济科学》杂志，主旨在"研究民生经济之理论与实践"。创刊号发表了王亚南的《经济科学论》、郑启校的《货币数量说检讨》等论文和评论文章，"内容丰富，言论精警，极得经济学界人士之欢迎"。王亚南陆续在《经济科学》上撰写《政治经济学上的人》《中国经济研究的现阶段》等文章，还在《中山学报》上发表《现代经济思想演变之迹象》等论文，都产生了积极的影响。[1]

除了创办期刊，法学院还专门开设学科讲座或学术讲座，请校内外学术名流作学术演讲，或举行学术座谈会，成效显著。为了提高学生对中国社会经济史的研究兴趣，从 1944 年起，法学院中国经济史研究室与社会研究所联合主办中国经济史讲习会，每周一次，请教授主讲，其中王亚南讲的《中国社会经济史上的法则问题》《中国社会经济演变的迹象及其轮廓》，在学生中获得了很好的评价。法学院还设立专题讲座或利用纪念周举办学术演讲，如 1942 年 10 月 12 日，请经济学系主任王亚南教授讲了"中国当前经济问题的总分析"这个主题。当时的法学院，学生团体的学术活动十分活跃，如法律学系同学认识到服务社会以及集体研究的重要性，特筹建了法律学会。经济学会则经常举办周末讲座，如 1942 年 4 月 18 日请历史系陈国治教授讲《一个新理论体系的建立及其在经济学上之应用》。此外，法学院学生会还出版了《政声》《春雷》《法螺》等壁报，在师生中产生了积极的影响。[2]

---

〔1〕 黄义祥编著：《中山大学史稿（1924—1949）》，中山大学出版社 1999 年版，第 360 页。

〔2〕 黄义祥编著：《中山大学史稿（1924—1949）》，中山大学出版社 1999 年版，第 362 页。

二、王亚南"以研究的态度进行教学"的思想内涵

王亚南"以研究的态度进行教学"的理念及其实践，既蕴含着丰富的思想内涵，也对我们当下的高等教育教学工作有很大的启发。通过以上不完全的史料介绍可以看出，王亚南"以研究的态度进行教学"的思想内涵，可以概括、表述为以下三个方面，即为什么要"以研究的态度进行教学"、以什么为研究对象进行教学和怎样"以研究的态度进行教学"。

（一）为什么要"以研究的态度进行教学"

通过王亚南在抗战时期粤北坪石的教学活动可以看出，"以研究的态度进行教学"，其意义可分为抽象、宏观和具体、微观两个方面。在抽象、宏观层面，其目的在于引导学生运用马克思主义的世界观和方法论，观察分析现实中国的经济社会问题，树立辩证唯物主义和历史唯物主义的正确态度，提供结合中国国情的、切实可行的发展经济的方案，并以之为思想武器与国民党反动派和日本侵略者进行斗争。他的言传身教，无疑既传播了马克思主义，也为新中国培养、储备了大批专业人才。王亚南认为，为了变革旧的生产关系，建立新的民主政治，教育必须使受教育者具有"正确的世界观"。1944 年，王亚南从中山大学经济学系主任的岗位上离任时，给中山大学经济学系的同学们写了一封公开信，并在信的附言中说明写这封信的目的是希望对同学们的做人与做学问能有一点影响。他在信中强调，认识开明的研究态度与坚定的研究立场，同等重要。解放后，他更加旗帜鲜明地提出，要用马克思列宁主义指导高等学校的一切工作。[1]在具体、微观层面，"以研究的态度进行教学"，

---

〔1〕 林金辉："王亚南的教育思想初探"，载《高等教育》2002 年第 12 期。

通过质疑问难、抽丝剥茧、正反推演，可以把复杂的问题简单化、抽象的问题具体化、疑惑的问题清晰化，既启发学生的积极思维，深入理解教学内容，同时也培养了学生分析问题、解决问题的能力。[1]这样既能调动学生听课的积极性、提高学生的兴趣，也能使老师的授课更有条理性和逻辑性，从而也更有深度和广度。随着课程质量的提高和课程"含金量"的增加，师生之间逐渐形成良性互动和良性循环，自然实现了教学相长的理想效果。

（二）以什么为研究对象进行教学

通过王亚南在粤北坪石的教学实践可以看出，他的研究对象主要有两方面：一方面是马克思主义的政治经济学，另一方面是他所言传身教的内容及其灵活运用的教学方法。在中山大学教学期间，他坚持讲授马克思主义经济学，应用马克思主义经济学原理来研究中国的经济问题。王亚南自己的重要学术著作《中国经济原论》，就是在这个时期运用《资本论》的基本原理、范畴，在调查的基础上对中国半封建半殖民地经济的实际问题进行系统的研究。该书揭示了半封建半殖民地经济与传统的封建地主经济的本质联系和运动规律，说明旧中国那些具有资本主义外观的各种经济形态，在本质上都是中国封建经济的特殊性格的具体表现。他的这一认识，等于把旧中国半封建半殖民地经济在帝国主义势力支配下，封建土地关系与买办商业资本以及官僚资本所造成的灾难，清晰地展现在广大人民面前。这一理论成就，在经济学上十分有助于人们对旧中国社会性质的认识。王亚南把科学性和战斗性紧密地统一起来，从20世纪40年代起，他就强调以中国人的资格、站在中国人的立场

---

〔1〕 潘懋元："王亚南教授是如何以研究的态度来进行教学的"，载《厦门大学学报（哲学社会科学版）》1979年第1期。

上去研究中国经济的意义，并提出"中国经济学"这个名称，这明显地表现出他既善于理论概括，又富有斗争精神的思想力量。[1]另外，从王亚南开始讲授里嘉图的《经济学及赋税之原理》，学生听课感到枯燥、课堂气氛沉闷，转而他联系中国实际进行讲授并取得显著效果这件事可以说明，王亚南始终重视他所教育的内容、教育的对象和教育的方法，体现了他"以学生为中心"的教育思想，树立了一个为人师表的光辉形象。

（三）怎样"以研究的态度进行教学"

笔者认为，如前所述，王亚南主要采用了三种方法进行教学：一是调查研究的方法；二是质疑问难的方法；三是举办学术活动的方法。关于调查研究的方法，是指以王亚南为代表的经济学者，组织成立中山大学经济调查处，运用马克思主义经济学原理研究中国的社会经济问题，他们经常组织年轻教师和学生走出校门，到社会上开展调查，获得第一手资料，推动了教学和科研工作。关于质疑问难的方法，是指王亚南一方面主张学生要独立思考、独立判断，不盲从不迷信，要善于借用"役用"的原理、原则来解决实际问题；另一方面，他也经常深入学生之中，甚至晚上提着油灯到礼堂里对学生答疑解惑，帮助学生理解、掌握一些道理。关于举办学术活动的方法，是指王亚南通过创办期刊、开设学术讲座、邀请学术名流作学术演讲或举行学术座谈会，以及发表学术论文、出版学术著作等，弘扬学术精神，传播马克思列宁主义，产生了广泛的影响。当然，在具体的教学研究过程中，王亚南综合运用了观察的方法、比较的方法、历史的方法、文献的方法，以及辩证唯物主义和历史唯物主义等多种方法。有些方法是微观的、具体的，而有

---

〔1〕 甘民重、林其泉："王亚南传略"，载《党史资料与研究》1987 年第 4 期。

些方法则是宏观的、抽象的，要结合具体问题进行具体的分析和探索。

三、王亚南"以研究的态度进行教学"的当代价值

前文已述，王亚南通过重视通识教育、打好学生基础，鼓励质疑问难、强调独立思考，重视社会调查、理论联系实际，开展学术活动、推动学术进步等多种途径和方式进行了"以研究的态度进行教学"的生动实践，其本身蕴含的价值是巨大的，也是十分丰富的，不少学者对此已做了深入探讨，本文不再赘述。在此，笔者只想对体会最深的三个方面进行展开，加以进一步阐释。

（一）像王亚南那样，做一个坚定的马克思主义引领者、传播者

纵观王亚南的学术生涯，尤其是他在抗战时期中山大学粤北坪石办学期间的教学科研活动可以看出，他是一个无比坚定的马克思主义者。最有代表性的事件是，他把毕生精力贡献在了翻译、研究、传播、应用《资本论》上面，他的代表性著作《中国经济原论》至今仍被视作是应用《资本论》来研究中国经济问题比较成功的专著，而其初稿就是在坪石中山大学任教时孕育形成的。[1]学界认为，通过王亚南几十年的学术道路及其有关认识论和方法论的见解，可以清楚地看到他的最主要方面：他以马克思主义为指导但又不把它当作一个先验的框架，他不满足于在其中作抽象的思维，而是从中国实际出发，先认清中国国情的特殊性，再把马克思主义中国化，为改造中国半封建半殖民地经济的实践服务。这是贯穿于王亚南经济理论中

---

〔1〕 陈克俭、甘重民："《资本论》与王亚南的中国半封建半殖民地经济研究"，载《厦门大学学报（哲学社会科学版）》1983年第1期。

一条最鲜明的红线，既是他一生治学立论的根本特点，也是他的认识论和方法论最重要的特色。[1]自从大革命失败后，王亚南在杭州一古寺和郭大力一见如故，并开始共同探索中国革命的出路，他们一致认为资本主义在中国没有前途，而要探索中国革命的出路，必须要研究马克思主义的学说。为此，两个人立志合作翻译马克思的《资本论》，比之前的一腔热血的行为，等于向前跨进了一大步，走上了积极寻求马克思主义真理的道路。这是他走上运用唯物主义历史观道路的关键的第一步。[2]之后，他充分利用在中山大学授课的机会，在课堂内外广泛宣传马克思主义的经济学说，开展调查研究和学术研讨，吸引、教育、塑造了大批经过马克思主义思想教育的人才。他信仰坚定、言行一致、言传身教的作风和坚持真理、矢志不渝的精神，体现了一个马克思主义者的高尚情怀和崇高追求，这种作风和精神值得我们不断学习并发扬光大。

（二）学习王亚南善于"役用"的精神

"役"在汉语中是个多义字，作为动词而言，是指"役使""使用"等意。[3]古籍载曰："夫陶冶造化，莫灵于人。故达其浅者，则能役用万物；得其深者，则能长生久视。"[4]"役用"二字，常有高屋建瓴、居高临下，以及指挥、指示、驾驭、主导等意，体现了役用者的自信与从容。在学术研究和教育教学方面，可用来表达研究者、主讲者面对各种学术资源、教学素材驾轻就熟的把握和挥洒自如的应用。这已不是一般人所能追

[1] 甘民重："历史观·实践观·系统观（上）——王亚南的认识论和方法论思想浅识"，载《中国经济问题》1986年第6期。

[2] 甘民重、林其泉："王亚南传略"，载《党史资料与研究》1987年第4期。

[3] 中国社会科学院语言研究所词典编辑室编：《现代汉语词典》（第6版），商务印书馆2012年版，第1543页。

[4] 《抱朴子·内篇·对俗》。

求的境界，更不是一般人所能企及的高度，而只有那些目标明确、眼光远大、信念坚定的人，才能做得到。王亚南正是这样的人，也因此才有了他"役用"的行为，养成了他"役用"的精神，最后才有他丰硕的、影响深远的马克思主义经济学方面的教科研成果。这告诉我们，在科学的道路上，在人生的追求上，应当目标远大、不畏艰险、勇攀高峰，对所有能利用起来的、能促进教学科研的资源、素材，要敢于"役用"并善于"役用"，这样才能成就个人的学术理想，实现人生的目标。

（三）接受王亚南教诲，养成"共学"的习惯

"共学"者，一起探讨、切磋、互鉴、竞争、砥砺而共同成长也。与"独学"相比，共学能使人生存于相互竞争、相互学习、充满压力的环境中，它不但能帮助人尽快认识到并克服自身的弱点，而且能昭示人自身存在的、别人所不具备的优点，从而使人扬长补短、扬长避短、加倍努力，由此不断获得个人更快更好的发展。这就像对生长在荒野里与森林中的树所作的比较一样，前者由于缺乏竞争的、充满压力的环境，往往自由疯长、歪歪斜斜，难成可用之材；后者由于生存空间狭小，获取阳光雨露的机会有限，所以竞争激烈，只好拼命向上生长，结果常能长成参天大树，且树干笔挺，少有枝蔓，个个能做栋梁之材。这个道理启示我们，读书求学，一定不要孤芳自赏、自我封闭、闭门造车，否则必将孤陋寡闻。独学者，即使能有所成就，走的路也更加弯曲，付出的代价也更大，从长远来看是得不偿失的。王亚南基于自己的体悟与精思，提出年轻人要"共学"的主张，是有深刻的道理的。

总之，王亚南在抗战时期的粤北坪石从事马克思主义经济学的教学、研究和宣传工作的做法和经验，提倡并践行的"以

研究的态度进行教学"的态度和方法，以及对马克思主义坚定信仰的精神，既内涵丰富又卓有成效，既发人深省又催人奋进，深刻启迪并指引着我们当前乃至今后的教育教学工作，值得我们经常汲取、反复学习。

"红灰精神"的历史新考究[*]

黄滟珺　周思海^{**}

摘　要：华南抗战时期，一批教育先师在烽火中坚守办学理念和大学精神，辛勤育人，抗战救国。"红灰精神"是在国家民族处于危难之际，形成于华南内迁高校之一的岭南大学的一种大学精神。岭南大学的学子在祖国内忧外患、教育事业岌岌可危之时，表现出"殷红如血，深灰似铁"的爱国、勇敢、坚毅的精神，并在战时升华为与祖国人民同甘共苦的深厚的家国情怀。"红灰精神"历经半个多世纪，在新时代仍然激励和鼓舞"红灰儿女"在创业和建设国家中表现出坚强和忠义的优秀品质。

关键词："红灰精神"；历史意义；时代价值

"中国革命历史是最好的营养剂"，追寻中国革命历史，不

　＊ 本文系广东省 2021 年度教育科学规划课题（高等教育专项）"抗战时期岭南大学'红灰精神'的历史意义及其当代价值研究"（编号：2021GXJK021）阶段性成果；2020 年韶关市哲学社会科学规划课题"抗战时期华南教育精神内核及其当代价值研究"（编号：J2020012）阶段性成果；2021 年韶关学院党建与思想政治教育课题"华南教育历史融入高校思政工作的探索和实践"（编号：SY2021SZ06）阶段性成果。

　＊＊ 黄滟珺，1985 年生，女，韶关学院教师教育学院讲师，主要研究方向是马克思主义理论与高校思想政治教育。

　　周思海，1968 年生，男，韶关学院社会科学处副处长，主要研究方向为思想政治教育和德育工作。

仅仅是铭记光辉历史、传承红色基因，更重要的是用革命时代形成的精神滋养人民。当下，这能为我们培育能够担当民族复兴大任的时代新人指引方向。在百年波澜壮阔的历史进程中，中国共产党团结和带领全国各族人民进行了艰苦卓绝的伟大斗争，形成了革命战争时期的不屈不挠的斗争精神、抗战时期的坚忍不拔精神、同仇敌忾的民族大义精神、社会主义建设时期的为民请命的服务精神等，这些伟大的精神力量鼓舞和激励了一代又一代中国人民在革命、建设和改革的各个时期取得了一个又一个伟大的胜利。

大学是一个国家学术的标杆，大学精神就像一座灯塔。[1]抗战时期的大学精神是战争年代精神的集中体现，它彰显了国家最坚强的文化实力，展现了中国知识分子心中最热烈的爱国主义情感。抗战时期，当日本军国主义意图军事上占领中国领土、文化上毁灭中国精神之根时，一批华南高校为保留文化血脉，烽火中辗转流离，北迁内地。总结华南高校变迁的历史经验，可见大学精神是高等教育的核心，也是时代精神的标志之一。中国革命历史时期形成的大学精神，注定与国家的前途命运紧紧相连，与民族的生存和尊严息息相关。

一、"文化长征"中的岭南大学

日本侵略者为了摧毁中国人民的抵抗意志，瓦解中国政府的抗战决心，对中国的文化教育事业进行了疯狂的破坏和摧毁，中国的高等教育遭到空前巨大的打击。据《申报》统计，战前我国高等学校约108所，至1938年8月，有25所因战争不得不暂行停

---

[1] 方光华主编：《西北联大与中国高等教育》，西北大学出版社2013年版，第10页。

办，37 所被迫迁移，15 所高校勉力支持亦屡遭轰炸。[1]为躲避战火无情的摧残，延续和保存中华民族教育文化的血脉，中国高校不得不千里跋涉，举迁后方腹地，人们将之称为"文化长征"。

中国高校内迁"文化长征"之序幕从东北大学掀起，除少数在后方和在租界的学校留在原地办学外，全国多数高校几乎都加入了内迁之行列。高校内迁出现三次高潮期，分别为：第一次迁徙（1937 年~1938 年），从平、津、沪等地失守到广州、武汉相继失守；中国 108 所高校中，91 所遭到战争破坏，10 所全部毁灭；第二次迁徙（1941 年~1943 年），太平洋战争爆发，日军在中国战场采取了相应的军事行动，华南各地岌岌可危，原避居于英美在华租界的高校及在港高校或被迫停办，或迁往西南；第三次迁徙（1944 年~1945 年），由于国民党正面战场豫湘桂战役的大溃退，日军迅速占领了豫、湘、桂三省的大部和粤、闽、鄂三省的部分地区，迫使广西、贵州的一些高校和早先云集在湘西、粤北的大批高校急迁至四川、黔北，而云集在福建、江西、粤北等地的高校也再次在省内迁移。这一时期共迁移高校 26 所。抗战期间高校的迁移几乎从未间断，零散迁移或再次迁移的高校还有近 50 所。[2]在抗战三次内迁高潮期间，岭南大学共进行了四次迁徙。1938 年 10 月，日军在广东大亚湾登陆，岭南大学及其附属中学被迫由广州康乐园迁往香港；1941 年 12 月，日军攻占香港，岭南大学附中迁往澳门复课；1942 年夏，岭南大学及附中迁往粤北韶关仙人庙重建校园，岭南大学农学院和医学院在韶关坪石、曲江等地复课；1944 年 6 月至 1945 年 1 月，日军沿湘桂铁路、粤汉铁路进犯，岭南大学

---

〔1〕 参见"非常时期各大学生安置办法"，载《申报》1937 年 9 月 3 日。

〔2〕 任祥：《抗战时期云南高等教育的流变与绵延》，商务印书馆 2012 年版，第 145 页。

部分学员分散撤退，辗转于桂林、重庆、成都、江西龙南、连县、兴宁、梅县（今梅县区）等地，部分留在岭大村；1945年8月，直到抗战胜利，岭南大学师生重返广州康乐园。[1]

抗战期间，岭南大学进行了四度迁徙。在时间的维度上，岭南大学的变迁与发展见证了全面抗日战争、太平洋战争、中国国内战争以及新中国的成立等重要历史节点；在空间的维度上，岭南大学的迁徙跨越了香港、澳门、桂林、重庆、连县和粤北韶关仙人庙、坪石、曲江等多个地区，与内迁地方有着千丝万缕的联系。在时间和空间的交叉组合之中，岭南大学的"红灰精神"与战时和战前的人文精神相互交融，如抗战精神、苏区精神、延安精神、长征精神、红船精神等，其丰富的内涵中包含着浓厚的历史文化底蕴。这种精神的力量之于知识分子是最难以忘却的记忆，注定影响深远。战时华南高校内迁的历史过程，也从一个侧面反映了中华民族传统文化的强大影响力，反映了国家与教育之间的密切关系。抗战时期的中国高等教育不仅没有被战火毁灭，反而取得了快速的发展，愈加显露出抗战时期大学精神的重要作用。

二、"红灰儿女"心中的岭南精神

岭南大学是抗战时期华南地区内迁粤北办学的高校之一。"红灰精神"起源于1911年的大教育家司徒卫先生以"红"与"灰"作为底色设计的校徽，以"殷红如血，深灰似铁"，象征岭南大学对其学子的培养——个人品行的坚强与对国家、民族的忠义，这不仅是岭南大学独特的大学人文精神，也是抗战时期岭南大学的精神本色。

---

〔1〕李小琼等：《大村岁月：抗战时期岭南在粤北》，"大村岁月"出版组1998年版，第38页。

在那个战火纷飞的年代，粤北华南地区的一个小村庄里，聚集了一批来自全国各地以及海外归国的教育精英，他们为了共同的家国情怀，于民族危难之际，顶着炮火危险，来到了粤北这片红色的土地上，辛勤育才，为国效力。他们脚下红色的泥土和天边灰色的铅云，是战时岭南大学最浓厚的色彩。先师们在荒凉偏远的小村里坚守红色的土地、建校办学、抗战救国的精神，传承着"殷红如血，深灰似铁"的"红灰精神"，这也是岭南大学全体师生心中最坚定的信念。在条件异常艰苦的战时，只有永葆坚定的信仰和不竭的精神动力，才能够经受住战火的洗礼，获得涅槃与重生。对于岭南大学的师生来说，"红灰精神"的意义不同寻常。陈香梅在《忆岭南》[1]中写道：

> 万树千山忆大村，烽烟劫火祸连绵。
> 抗日不忘勤学志，红灰儿女绿窗前。
> 再见岭南在粤边，不堪回首话当年。

在那段艰苦的岁月里，岭南大学的教育让"红灰儿女"毕生难忘，"红灰精神"就像流淌的血液一样，与他们融为一体，受益一生。"红灰精神"与爱国主义精神、华南抗战精神、教育报国精神交汇融合，它是岭南大学师生"岭南一家亲""岭南'牛'精神"以及锐意进取的奋斗精神和甘苦与共的深厚家国情怀的集中体现。它生长在华南这片红色的热土上，见证了华南抗战史上的热血与悲壮，饱含了"红灰儿女"对战时多灾多难祖国同甘共苦的决心和毅力，对读书救国、读书报国的坚持和勇敢，以及对教育事业的守护与热爱。"红灰精神"能够跨越半

---

〔1〕 李小琼等：《大村岁月：抗战时期岭南在粤北》，"大村岁月"出版组1998年版，第25页。

个多世纪传承至今，难能可贵。

三、"红灰精神"的历史意蕴

近代中国高等教育在曲折中摸索和前进，"战争充当了历史的不自觉的工具"。[1]战争时期是非常时期，精神因素是战争胜利的决定因素之一。战时教育不同于平常教育，战时教育更关注统一思想，凝聚力量。国土大片沦陷，高校惨遭破坏，师生们流离失所，战时"国将不国"的情绪曾笼罩着广大的中国民众。只有稳住人心，才能树立抗战必胜的信念。人的精神因素之于战争的作用体现在教育上，即人文精神的培养与建设，这是非常时期教育的核心问题。

（一）"红灰精神"是非常时期岭南大学的精神脊梁

中国的大学在激烈残酷的战火的考验下，从未放弃坚守理想和信念。当中华民族与日本帝国主义的矛盾上升为中国社会的主要矛盾时，中国共产党在文化教育上提出了统一战线的抗战教育政策，其中尤其强调国防教育和吸收知识分子。[2]知识分子是传播马克思主义坚定信仰的生力军，是抗战教育政策的贯彻者和执行者，更是与"亡国论""速胜论"斗争到底的中坚力量。华南高校的教育先师们心怀祖国，坚信抗战必胜，在烽火中辗转流离、弦歌不辍的精神，成了抗战时期岭南大学的精神灯塔。在华南战场上，岭南大学陈心陶教授严词拒绝日伪大学的聘用，带着妻儿历经艰辛跟随岭南大学到粤北复校；冼玉清放弃留在澳门的优渥条件，以"今国家正在危难之时，我

---

〔1〕 ［德］马克思："不列颠在印度的统治"，载《马克思恩格斯选集》（第2卷），人民出版社1972年版，第68页。

〔2〕 徐辉主编：《抗战大后方教育研究》，重庆出版集团、重庆出版社2015年版，第157页。

应与全民共甘苦，倘因一已有优越条件而高枕苟安，非素志也"
为由，坚持冒险到粤北岭南大学任教。[1]

（二）"红灰精神"鼓舞岭大师生保卫校园抗战到底

正如《岭南凯旋歌》里唱的："战再战，敌人灭。不顾生，
不顾死，只顾岭大。大敌小敌都不畏。冲锋有进无退，尽力保
卫红与灰……"战时岭南大学经历了重重战火的洗礼，在辗转
周折中的岭南大学师生练就了"殷红如血，深灰似铁"的无比
寻常的顽强意志和必胜信念。1942 年秋，岭南大学及中学迁往
粤北曲江仙人庙复课，校址离战时省会韶关 60 华里，且该地并
无军队或警察驻守，故学校组成自卫队，以保护学校和学生的
安全，由教导处主任担任大队长。据统计，湘桂大撤退中，岭
南大学的学生组织——曦社同学参加直接对日抗战行列的人数
占就读学生的 1/10 以上，牺牲同学 3 人。[2]岭南大学的师生们
在"红灰精神"的指引下，不惧困难，积极加入抗战队伍，具
有历史性重要作用。他们同西南联大、西北联大共同在抗敌御
侮的艰难环境下，为中国近代文化事业作出了历史性贡献：不
仅保证了中华民族在中日双方争夺文教战线方面取得主动权，
保证了同日本军国主义斗争到最后胜利的人才资本；而且在安
定人心、稳定后方并形成巨大的民族凝聚力方面起到很大的积
极作用。[3]

（三）岭南学子的"牛"精神

抗战时期，岭南大学形成"以为人民服务为荣，以怕吃苦

---

〔1〕 廖益、童顺平、张玉龙："抗战时期内迁粤北华南高校的历史价值与现实
意义"，载《韶关学院学报》2020 年第 8 期。

〔2〕 李小琼等：《大村岁月：抗战时期岭南在粤北》，"大村岁月"出版组
1998 年版，第 71 页。

〔3〕 任祥：《抗战时期云南高等教育的流变与绵延》，商务印书馆 2012 年版，
第 19 页。

为耻""自力自造,奋前莫畏难精神"[1]的岭南大学"牛"精神。岭南大学学子曾春仁回忆岭南大学时说道:"我的一段青年时代就在您身边度过的,我的进步思想的启蒙和成长都得益于您,千言万语也说不完对您的怀念。回想今天我在人生的道路上能够一步一个脚印地走过来,应感谢岭南校园培养我'牛'的精神,使我积累了丰富的为人民服务的本领。"[2]岭南大学学子陈少康在毕业手册上写下短文《无言》:"……只要我们都在进步着,每人带着沉默站在岗位上工作,直到理想达到了,国家建好了,我们才握着手,相互道一声'好吧'……"[3]岭南大学学子徐广华回忆说,"什么是岭南精神?团结、上进、爱国家、爱岭南"。[4]他认为从小学各年级成立班社,大学、中学成立学生自治会,毕业之后成立同学会遍布各地,这是培养维系岭南大学精神的一个重要因素。岭南大学师生爱国、团结、勇敢、奋进,在战后直至今日,仍被传为佳话。

中华人民共和国成立以后,虽然岭南大学被并入中山大学,成为中山大学岭南学院,但"红灰精神"仍然活在无数校友心中。岭南大学培养的学子在中华人民共和国建设和改革的各个时期和不同的领域中奉献自我,建功立业。例如,"岭南大学物理系黄本立,1945年考入岭南大学,1993年当选为中国科学院院士,著名光谱化学家,后为厦门大学教授;岭南大学化学系

---

〔1〕 李小琼等:《大村岁月:抗战时期岭南在粤北》,"大村岁月"出版组1998年版,第70页。

〔2〕 任祥:《抗战时期云南高等教育的流变与绵延》,商务印书馆2012年版,第19页。

〔3〕 李小琼等:《大村岁月:抗战时期岭南在粤北》,"大村岁月"出版组1998年版,第71页。

〔4〕 李小琼等:《大村岁月:抗战时期岭南在粤北》,"大村岁月"出版组1998年版,第71页。

黄翠芬，1944 年毕业于岭南大学，1996 年当选为中国工程院院士，中国基因工程创始人之一；岭南大学伍沾德，1943 年考入岭南大学，广东省中山大学教育发展基金会理事，中山大学岭南学院董事会名誉主席兼筹募发展委员会主席，美心集团创始人之一。据统计，仅坪石时期的中山大学培育和毕业的学生就有 2 万多名"，[1]他们都用自己的行动践行着"红灰精神"。

四、"红灰精神"的新解读

岭南大学的"红灰精神"在抗战时期彰显了其坚强与忠义的人文精神。人文精神的养成在不同时代有不同的主题。当代大学人文精神的价值与构建可从多个维度进行考究。

一是从哲学的角度来看，社会存在决定社会意识，社会意识反作用于社会存在。一切道德、美学和精神性的发现能揭示人类经历的共通之处。[2]岭南大学的"红灰精神"在抗战时期的实践——在民族危难之际，奋起斗争，担当起民族大义。特殊的时代背景下孕育了战时的大学精神，而大学精神又为战时教育服务，战时教育为抗战取得最后胜利提供了人才和智力支持。精神的力量，就是人的主观能动性上升到一种持久的作用并得到最大化的发挥。在复杂的社会系统中，教育与当地经济发展和政治地位交互发生作用，在这一转化过程中，教育一方面单向地依赖于经济和政治，另一方面，又因为自身能够提供大量高水平人才，营造良好的学术文化氛围而反过来为当地政治、经济与文化服务。"红灰精神"的实践与传承正是对此的生

---

〔1〕 廖益、童顺平、张玉龙："抗战时期内迁粤北华南高校的历史价值与现实意义"，载《韶关学院学报》2020 年第 8 期。

〔2〕 廖益、童顺平、张玉龙："抗战时期内迁粤北华南高校的历史价值与现实意义"，载《韶关学院学报》2020 年第 8 期。

动写照。

二是从教育学的角度来看，教育是民族文化延续的本源，是一个国家文化实力的担当者。教育兴则国兴，教育强则国强。无论处于怎样的历史方位，教育的作用都不容忽视。战争对大学产生影响的同时，大学的变迁也默默影响了中国高等教育现代化发展的进程。通过对战时岭南大学"红灰精神"的深入解读，可见大学的人文精神教育不仅是大学的核心价值，也是中华民族能够在百年内忧外患、艰难困苦中永葆生机的动力源泉。"人文教育与幸福感和充实感密切相关；它深化人们对于生命意义的认识，强化生活体验的广度和深度；它给人内心以力量，这种力量来自对生命本质问题进行批判思考的能力。"〔1〕而这种能力的培养，来自于中国的大学教育。

三是从历史学的角度来看，正如郭查理所说："岭南大学的校史处处都突出人的作用、感情和打算、希望和悲剧、最终的决心，这一切都那么引人入胜，历史变得栩栩如生。"〔2〕岭南大学的校史，讲述了一个关于勇敢精神与冒险经历的极珍贵的故事。19世纪80年代，由几位志同道合者本着开创未来的宗旨梦想在中国创办的一所美国基督教学院，没有料到会卷入一个新中国诞生的艰难历程中。岭南大学的校史从一开始就与长期受苦受难的中国人民紧密相连。一系列的革命事件，如王朝倾覆、外敌入侵、内战爆发、人民掀起反抗等，以及欧洲两次世界大战的风暴席卷亚洲波及中国。在国际国内复杂局势下，岭南大学创办者的智慧和信仰虽受到生存的威胁，四度迁徙却并没有使他们放弃在中国办学的意志，反而还在一定程度上保持了岭

---

〔1〕 张俊宗："新文科：四个维度的解读"，载《西北师大学报（社会科学版）》2019年第5期。

〔2〕 李瑞明编：《岭南大学》，岭南（大学）筹募发展委员会1997年版，第4页。

南大学的连续性，甚至还孕育了新的知识力量，并为新中国的建设发挥了历史性作用。追溯岭南大学校史，厘清华南抗战史、战时中国高等教育史、中国共产党思想政治教育史，可进一步梳理近代中国高等教育发展史的脉络，为构建当代大学的人文精神提供参考。

五、结语

中国革命历史是我们进行初心使命教育、信仰信念教育、党的光荣传统和优良作风教育以及忧患意识、防范风险教育最好的营养剂。重温抗日战争革命历史，追溯岭南大学"红灰精神"的历史变迁，有益于增强新时代大学生对于中国优良传统和中华民族优秀文化的自信心和自豪感；有益于学古悟今，忆苦思甜，不忘初心和牢记使命；有益于发扬爱国主义精神，培养爱党、爱国、爱校的深厚情怀和追求科学的优秀品质。中国特色社会主义进入新时代，大学精神的凝练、传承和创新有助于推动我国教育在国际国内"两个大局"中占领优势地位，是"国之大计，党之大计"。新时代，重新解读战时"红灰精神"，为培育能够担当民族复兴大任的时代新人再引航向，为推进"教育现代化、建设教育强国、办好人民满意的教育"再添薪火。

抗战期间中国共产党在粤北华南教育战线开展党建工作概述*

王　丽**

摘　要：抗战时期，为躲避战火，众多粤港澳地区学校迁往粤北坚持办学，形成粤北华南教育战线。党在粤北华南教育战线开展了大量艰苦而卓有成效的工作，对于巩固和扩大抗日民族统一战线，推进粤北华南教育战线党组织的建立与发展，推进党在粤北地区的深植和壮大，都产生了积极而深远的影响。

关键词：抗战；粤北华南教育战线；党建

　　1938 年 10 月，日军占领广州，韶关临危受命，成为战时省会和广东抗战中心，也成为国共两党在广东斗争的据点。在这一时代背景下，众多粤港澳地区学校迁往粤北，坚守于坪石、大村、东陂等地的教育阵地，于战火中坚持办学。如中山大学及附中于 1940 年秋从云南澄江迁往韶关坪石。岭南大学及附中

---

　　* 广东省哲学社会科学"十三五"规划 2020 年度粤东西北专项课题：抗战期间粤北华南教育战线党建工作研究（项目编号：GD20YDXZDS03）；2020 年度韶关市哲学社会科学规划课题：华南教育历史时期内迁粤北高校党建工作研究（项目编号：J2020009）；2019 年度韶关学院校级科研项目：抗战时期粤北内迁高校的精神内涵、价值意义和活化利用研究（项目编号：S2019SKZX03）。
　　** 王丽，1983 年生，女，湖南邵阳人，硕士，韶关学院英东食品学院党委副书记。主要研究方向：高校党建与思政工作研究。

于 1941 年底从香港迁到韶关浈江大村。广东省立文理学院及附中于 1939 年 8 月从广西容县迁至韶关乳源侯公渡，1939 年冬搬到连县东陂，1941 年秋广东省立文理学院单独迁回韶关曲江桂头，附中迁至学院旧址江夏村，改名为粤秀中学。广东省立法商学院于 1941 年秋迁至韶关曲江桂头。省立仲元中学于 1939 年秋从广州迁至韶关南郊二公里鹤冲乡。同年秋，迁往连县星子，1940 年 1 月迁回韶关。多所全国知名学校汇聚粤北，精英知识分子云集，青年学生众多。为争取学校师生的拥护和支持，夺取党在教育战线中的主动权，自 1939 年大批学校迁往粤北起，至 1945 年抗日胜利学校陆续离开粤北为止，五年间，中共地下组织在粤北各个学校开展了大量艰苦而卓有成效的工作。主要体现在以下几个方面：一是尽一切力量团结进步教师，宣传党的政策和主张，传播革命思想，争取他们对抗日的拥护和支持，扩大统一战线。二是引领青年学生，为党的发展培育新生和后备力量。三是加强自身建设，发展和扩大党组织。这些举措对于推动学生爱国民主和抗日救亡运动，巩固和扩大抗日民族统一战线，推进以中山大学及附中、广东省立文理学院、粤秀中学为代表的粤北华南教育战线党组织的建立与发展，推进党在粤北地区的深植和壮大，都具有积极而深远的影响。

一、抗战期间中国共产党在粤北华南教育战线开展党建工作的基本情况

（一）中山大学及附中、广东省立文理学院、粤秀中学等学校党组织建设情况

1. 中山大学及附中党组织建设情况

中山大学及附中的中共地下组织和青年学生运动，是在中共广东省委的直接领导下进行的。中共广东省委青年部副部长

张江明常年驻在坪石老街，统一负责以中山大学为主的大中院校等教育战线的党的工作，积极指导中国共产党党员和进步师生开展活动，以此发展和壮大党的力量。根据中共广东省委的指导意见，中山大学不建立全校性的党组织，也不设党委或党总支，只设立若干党支部，由张江明直接指导和联系。中山大学刚搬到粤北坪石时，党员只有 12 人，到 1942 年秋，已发展到116 人。"当时法学院支书、支委：林之纯、罗培元、罗湘林、黄若潮（后成立两个支部）；文学院支书：卢炽辉、黄德士；农学院支书：方君直、吴逸民；工学院支书：王浩源、刘秉楷；师范学院支书：周钊、吴健、李汉兴；理学院支书：林挺；医学院支书：吴子熹；研究院党员：丘陶常，先修班和中大附中都有党员。"〔1〕

2. 广东省立文理学院党组织情况

"1940 年初，文理学院搬到连县东陂后，党组织便由连（县）、连（山）、阳（山）工委组织部长周锦照同志联系。不久，连阳工委改为连（县）连（山）阳（山）中心县委，张江明任中共北江特委青年部部长兼连阳中心县委书记，直接联系文理学院党组织，他有一段时间住在东陂，经常和支委研究工作。"〔2〕这时，省立文理学院只有张普士、杨顺、杨钟昌三名党员。1941 年，建立两个党支部，支部书记分别为刘渭章和郑彦文。到 1942 年，党组织进一步发展和壮大，学生党员已达 42人，占学生总人数的 10% 以上，支部书记为江国光，组织委员为刘渭章，宣传委员为郑彦文。

---

〔1〕 张江明等："中山大学在坪石时期（1940—1945）的学生运动"，载《中山大学学报（哲学社会科学版）》1989 年第 4 期。
〔2〕 中国人民政治协商会议广东省委员会、文史资料研究委员会编：《广东文史资料》（第 36 辑），广东人民出版社 1982 年版，第 116 页。

3. 粤秀中学党组织情况

粤秀中学党组织也由张江明同志直接领导。粤秀中学初到东陂时，党组织力量还比较薄弱，只有钟国祥、张越宽2名党员，设有党小组，钟国祥为党小组组长。1941年初，学校读书会吸收了一批骨干分子入党，1941年9月，成立平行党支部。1942年秋，发展到70多名党员，占学生总人数的10%以上。

（二）党组织领导或参与粤北华南教育战线爱国民主和抗日救亡运动情况

党组织通过直接领导或积极参与学生爱国民主和抗日救亡运动来揭露国民党的腐败统治，抵制文化专制，维护学校学术自由传统、争取学生权益、宣扬全民抗战。中山大学党组织领导了四次全校性爱国民主运动，即"迎邹挽许拒张""倒孔""争取饱和光"和"驱齐"。法学院和文学院的中共党员和进步学生力量比较大，在这些爱国民主运动都发挥了重要作用。党在广东省立文理学院及粤秀中学领导了"挽林斗争"和"驱徐运动"。

（三）党组织在粤北华南教育战线开展活动的前后变化

以1942年5月中共广东粤北省委遭到国民党严重破坏为转折，党组织在华南教育战线开展活动的方式方法发生了明显变化。主要表现在：党在各个学校的活动是持续进行的，但经历了一个从活跃到隐蔽的过程，分为前后两个阶段，即前期以领导青年学生进行爱国民主运动为主，后期通过参加学生社团、举行宣讲会、参加学术研讨等形式宣扬民主进步思想。

二、抗战期间中国共产党在粤北华南教育战线开展党建工作的策略和特点

（一）争取进步教师，团结进步力量，形成统一战线

中山大学及附中、广东省立文理学院、粤秀中学等学校历

来有崇尚独立、民主、自由的传统，为党在这些学校中的建立和发展奠定了坚实基础。如中山大学在代理校长许崇清的主持下，相继聘请了一大批思想进步的教授，其中较为著名并产生了积极影响的有马克思经济学著作《资本论》的翻译者王亚南、中共创建人之一李达、进步戏剧家洪深、中共情报界抗战三杰之一梅龚彬以及因支持爱国民主运动被国民政府解聘的前广西大学校长雷沛鸿等人。许崇清本人也编撰进步书籍和抗战刊物，介绍马克思主义教育哲学，为推动马克思主义思想在粤北地区的教育启蒙，为突破国民党文化专制和禁锢，解放思想发挥了积极作用。广东省立文理学院在院长林砺儒的主持下，聘请了郭大力、张栗原等进步教授，讲授辩证唯物论原理和《现代经济学说史》等课程。

因此，党非常重视在这些学校中开展工作，主要采取了争取进步教师、团结进步力量、扩大统一战线的方针策略。党员们或是考学，利用学生的身份与进步教师接触联系，向其传授马克思主义思想和党的宗旨；或是利用教师身份，影响和带动周边的同事。比较有影响的人物有促使湖南和平解放的功勋人物涂西畴、华南地区青年团重建和青年工作的领导者之一黄焕秋、社会主义商品经济理论的开拓者卓炯等人。

通过上述举措，党员和进步教授无论在学习工作上还是生活上，关系都进一步密切融洽，党员们获得了大批进步教授的信赖和支持，有些教授不顾国民党反动派的管制和束缚，冒着危险和党员们交流进步思想，研讨马克思主义理论。因此，在历次爱国民主运动中，进步教授们大都选择和学生们站在一起，这些都为扩大统一战线、深化统战工作产生了积极影响。

（二）引领青年学生，发展党的新生力量

党在注重团结进步教师的同时，还非常重视引领青年学生，为党的发展培育新生和后备力量。如 1944 年夏，日军逼近粤北，粤北高校被迫再次西迁，为了好不容易发展壮大的党组织不因西迁再次分散，党组织 600 多名中山大学及附中、广东省立文理学院、岭南大学、粤秀中学、培正中学等学校的党员和进步学生参加东江纵队的抗日武装斗争。这批素质高、有活力的青年队伍，提高了抗日武装力量的政治觉悟和战斗力。党还动员加入东江纵队的学生参加青年培训班，为粤北、粤西、珠三角等地区的革命武装斗争培养了大批骨干。粤秀中学的党员同志，除 90 多人参加东江纵队，还有 27 人参加英德抗日武装，19 人参加连县星子、东陂武装起义，4 人参加大别山游击队，26 人参加解放战争，24 名党员和进步青年在抗日和解放战争中牺牲。

（三）加强自身建设，发展和扩大党组织

党高度重视自身建设。一是加强干部培训。在国民党两次反共逆流期间，中共广东省委（1942 年 5 月前为中共广东粤北省委）青年部于 1941 年和 1942 年分别在乐昌县城和坪石举办了两期党员培训班，为期一个月左右，聘请省委各部长讲授马克思列宁主义、中共中央政策、党的建设、统一战线、青年工作、工农青妇群众运动等课程。参加人员有中山大学、广东省立文理学院、岭南大学的党员同志。党员培训班的开展提升了党在特殊时期的理论水平和战斗力，为党在艰难环境中的持续发展培植了后续和新生力量。二是以点带面，推动党组织在粤北教育战线的组织和建立。一些学生党员骨干毕业后到中学任教，在中学建立党组织。如中山大学文学院党支部书记卢炽辉毕业以后，担任阳山中学校长，中山大学法学院党支部书记林之纯也被中共广东省委青年部派去担任教导主任，同时，还动员了中山大学几名进步学生到学校任教。因此，阳山中学很快成立了党支部。

三、抗战期间中国共产党在粤北华南教育战线开展党建工作的影响和意义

（一）巩固和扩大了抗日民族统一战线

党在这一时期采取的争取进步教师、进步学生、团结一切可团结力量的战斗策略，不仅赢得了大量师生的支持和拥护，而且进一步延伸了党的工作链，扩宽了覆盖面，巩固和扩大了抗日民族统一战线。

（二）促进了党组织在粤北华南教育战线的建立和壮大

党在粤北华南教育战线中建立或发展了党组织。同时，党通过各学校之间的交流合作，以高校带动附属中学以及高校学生党员毕业后到中学任教等方式在粤北华南教育战线建立了党组织，发展了大批党员，推动了党组织在粤北华南教育战线的建立和壮大。

（三）为韶关乃至广东解放战争的胜利奠定了坚实的基础

党在粤北华南教育战线中开展的大量工作不仅团结了众多党外知识分子，还为党培育了大批新生力量和高素质人才。在中山大学迁回广州后，这些人员一直都是党工作的坚决拥护者和实践者，有些甚至直接参与了韶关或广州的解放战争，这些都为韶关乃至广东解放战争的胜利奠定了坚实基础。

《资本论》与王亚南的《中国官僚政治研究》

彭 华 *

摘 要：王亚南先生的《中国官僚政治研究》，运用《资本论》唯物史观的经济基础决定上层建筑的理论和唯物辩证法的方法论，剖析中国的官僚政治形态，为探索官僚主义的根本克服办法提供了启示，为进一步深入研究官僚政治提供了良好的基础。

关键词：《资本论》；王亚南的官僚政治研究；理论基础；方法论

一、引言

中国长期以来在全球范围内一直保持领先的古老文明，帝制时代中国广袤的疆域、稳定的政治结构，对 19 世纪至 20 世纪的欧洲学者充满神秘性，吸引了欧洲学者探索帝制时代中国形成稳定的政治结构与政治统治之谜。"晚至 1776 年，中国一直是世界最富裕的国家之一，它的土地最肥沃，最适合耕种，工业最发达，人口也最多"，[1]"直到公元 1820 年，中国仍然是世

---

* 彭华，1973 年生，男，韶关学院政法学院教授，政治学博士，主要从事城乡政治与治理研究。

[1] [英] 亚当·斯密：《国民财富的性质和原因的研究》，郭大力、王亚南译，商务印书馆 1974 年版，第 1 页。

界上最大的经济体。经济总量占世界份额的 32.4%"。[1]"在公元 3 世纪到 13 世纪之间保持一个西方科学所望尘莫及的科学知识水平",到了近代,中国究竟为什么突然"样样落后"地衰落了?"中国的科学为什么会长期大致停留在经验阶段,并且只有原始型和中古型的理论?"[2]为什么中国没能走上资本主义,而是与西方发展出现大分流?[3]

德国社会学家马克斯·韦伯在《儒教与道教》中全面讨论了传统中国未能转型的原因:政治上,因为中国是和平统一的大帝国,缺乏政治竞争进而限制了经济竞争,官吏实行俸禄制进而使得官吏反对改革,限制了资本主义发展;经济上,国家税收依赖于丁税,导致家庭规模缩小,形成较小的土地经营规模,阻碍了资本主义经济产生;社会结构上,因为传统中国家族力量强大,为族人提供强有力支持,限制了竞争,导致缺乏西方自由竞争淘汰机制;教育上,无计算教育,缺乏理性知识;文化上,儒家思想与政治意识形态紧密地结成了一体,形成传统中国稳定的政治结构,儒家文化阻碍中国发展资本主义。

美国著名汉学家加州学派代表人物费正清在《美国与中国》一书中,则从官吏选拔的科举制度角度讨论了科举制度对中国知识精英的限制与吸附作用。由于汉字的复杂性以及科举制要求毛笔字工整的小楷,耗费了知识精英的大量时间与精力。因为科举中第可致仕做官、光宗耀祖,正是科举制的高回报,社会精英的聪明才智被用于科举考试,社会精英被吸纳入政治体

---

〔1〕 Angus Maddison, "The World Economy: Historical Statistics", *Australian Economic History Review*, (11) 2005, 221~329.

〔2〕 [英] 李约瑟:《中国科学技术史》(第 1 卷·导论),王铃协助,科学出版社、上海古籍出版社 1990 年版,第 1 页。

〔3〕 [美] 彭慕兰:《大分流:欧洲、中国及现代世界经济的发展》,史建云译,江苏人民出版社 2003 年版,第 4 页。

制。费正清其意是指科举制制约了中国科技的发明与创造。

费正清的学生约瑟夫·阿·勒文森在其著作《梁启超与近代中国思想》中，从文化角度探讨了中国传统政治形成与稳定的原因："一个稳定的社会，是其成员在普遍原则上选择他们所继承的独特文化的社会。在很长一段时间里，中华帝国就是这样一个社会。中国人热爱自己的文明，不仅因为他们生在这种文明之中，而且因为他们认为它是美好的，是有价值的。"〔1〕约瑟夫·阿·勒文森的观点是文化决定论的代表，其意指中国未能走上西方发展道路是由中国独特的文化特性决定的。

同作为加州学派代表人物的彭慕兰在《大分流：欧洲、中国及现代世界经济的发展》一书中，通过煤炭技术的应用研究——中西方早期都有对煤炭的开采应用。但中方的煤炭埋藏较浅，开采容易。英格兰的煤炭埋藏较深，开采不易，需要新技术。技术创新促进西方资本主义产生——论证了中西方发展分野的偶然因素。彭慕兰的观点虽然受到诸多质疑，但其对同为加州学派的以费正清为代表的西方中心论的"冲击-回应"模式的挑战，展现了历史发展的多面性。

总体而言，对于帝制时代中国社会发展的停滞，西方学者从政治上的大一统与科举制、经济上的俸禄与税制、文化上的儒家思想与文字、社会结构中的家族制度等方面进行了全面分析。这些假说也受到广泛的争议，如著名汉学家施坚雅在《中华帝国晚期的城市》一书中指出，江南地区早已出现资本主义，只是这个进程被国外入侵而打断。事实上，彭慕兰也认同芝加哥大学赵鼎新教授对其研究的质疑，承认其忽视了制度安排对技术创新的激励作用。制度是重要的，马克思主义认为"经济

---

〔1〕〔美〕约瑟夫·阿·勒文森：《梁启超与中国近代思想》，刘伟、刘丽、姜铁军译，四川人民出版社 1986 年版，第 4 页。

基础决定上层建筑",制度的存续有其经济基础。1935年,王亚南和郭大力先生共同翻译《资本论》,在不断斟酌与翻译《资本论》中,王亚南对马克思主义的理论与方法熟稔于心。基于马克思主义理论与方法,王亚南的官僚政治研究为我们认识传统中国社会发展的停滞提供了另一个视角。

二、王亚南官僚政治研究的切入点

官僚政治(Bureaucracy)概念由德国社会学家马克斯·韦伯提出,现代官僚制是按照法治原则建立起来的非人格化组织,这个组织实行严格的上下级界限分明、功能明确的等级制。在马克斯·韦伯看来,理想化的官僚制分为三级——上级决策,中间监督,下级负责执行,下级服从上级,所有的层级都依据规章制度来运作。官僚政治作为统治阶级统治的一种方式和技术手段,本身并无褒贬之意。

但谈及官僚政治的概念,很多人的认识仍不完整,对其存在或多或少的误解与偏见。正如美国学者查尔斯·T.葛德塞尔所描述的:"官僚,人们用充满蔑视的神情说出这个词,到处被人们说成是一群慵懒、无能、走歪门邪道甚至是充满危机的人。"[1]讲形式,打官腔,遇事但求形式上能交代,一味被动、刻板地应付,一味把责任向上或向下推诿……诸如此类,都是所谓官僚主义的作风。人们对官僚政治的厌恶之情只不过是人们把对官僚主义和官僚作风的痛恨之情转嫁在官僚政治上,误把官僚政治与官僚主义和官僚作风等同起来。但作为官僚政治技术层面的官僚主义算不上真正的官僚政治,真正的官僚政治应上升为社会体制,是维护国家统治、协助社会治理的一种制

---

〔1〕 〔美〕查尔斯·T.葛德塞尔:《为官僚制正名——一场公共行政的辩论》(第4版),张怡译,竺乾威校,复旦大学出版社2007年版,第4页。

度安排。正如王亚南先生所言:"所有这些作风和流弊,通是属于技术方面的,唯其是属于技术方面的,故英美诸国都先后实行一种政务与事务分开的文官制,从技术上予以改进,并设法使那些流弊减缩到最低限度。"[1]这不是王亚南的官僚政治讨论的主要内容,他是把官僚政治作为统治阶级统治的基础,当作一种社会体制来讨论其发生、存在、消亡,从社会意义上解剖官僚政治。

众所周知,王亚南主要从事经济研究,而其对中国官僚政治的研究缘起偶然。"一九四三年,英国李约瑟教授因为某种文化使命,曾到那时尚在粤北坪石一带的中山大学。我在坪石一个旅馆中同他作过两度长谈。临到分手的时候,他突然提出中国官僚政治这个话题,要我从历史与社会方面作一扼要解释。"[2]可以说,正是为了回应李约瑟的要求,才有了王亚南对官僚政治的研究。

王亚南对官僚政治研究的成果集中体现在其出版的《中国官僚政治研究》一书中。由于官僚政治是其"平素未大留意的问题",王亚南谦逊地表达"中国官僚政治的研究,又必然要成为我关于中国经济史研究的副产物。而我也希望借此减轻我对于非所专习的政治制度加以研究的僭越",[3]"在我自己,却显然因此加深和扩大了对于一般政治经济、特别是中国政治经济的基本认识"。[4]"由于我个人的学力及研究范围的限制,我对于这个新鲜的大题目,自不敢期待有了不起的贡献,但因为这是中国研究社会科学者应当踏入的新境界,至少也希望能由我

---

〔1〕 王亚南:《中国官僚政治研究》,中国社会科学出版社 1981 年版,第 20 页。

〔2〕 王亚南:《中国官僚政治研究》,中国社会科学出版社 1981 年版,第 14 页。

〔3〕 王亚南:《中国官僚政治研究》,中国社会科学出版社 1981 年版,第 15 页。

〔4〕 王亚南:《中国官僚政治研究》,中国社会科学出版社 1981 年版,第 16 页。

的错误而引出真理。"[1]虽然王亚南极其谦逊，但事实上，"几千年来，在中国社会科学的浩如烟海的著作里，专门系统地批判官僚政治的书籍，却是寥若晨星。本书最有科学价值和现实意义的地方，就在于以历史和经济分析为基础，对官僚政治这一官僚主义发展最成熟的形态本身的基本矛盾——官民对立关系做了慧眼独具的剖析，从而为探索官僚主义的根本克服办法提供了启示"。[2]

三、《资本论》为王亚南的官僚政治研究提供了理论基础

王亚南从马克思主义经济基础决定上层建筑的理论出发，分析中国传统政治结构。"官僚政治究竟如何存在，如何取得存在，最后，它将如何丧失其存在"，这是王亚南在《中国官僚政治研究》中需要回答的问题，因为"一般旧历史家原本就不大肯留意任何政治形态的社会经济基础问题"，"中国专制官僚政治之社会经济基础的探究，又不能刻板地硬套一般社会史的发展公式"，[3]"在专制官僚政治主要是把统治者官绅或仕宦与被统治者农民结成的社会经济关系作为其社会存在基础的限内，这种社会的劳动生产力始终不会发展到突破其社会生产关系的水准的事实，就极可能由专制官僚统治形态得到系统的说明。"[4]

王亚南在论述中国的封建制时写道："中国的专制官僚政体是随中国的封建的地主经济的产生而出现的"，"对封建制有全

---

〔1〕 王亚南：《中国官僚政治研究》，中国社会科学出版社 1981 年版，第 17 页。

〔2〕 孙越生："重读王亚南著《中国官僚政治研究》"，载《社会科学战线》1979 年第 4 期。

〔3〕 王亚南：《中国官僚政治研究》，中国社会科学出版社 1981 年版，第 16 页。

〔4〕 王亚南：《中国官僚政治研究》，中国社会科学出版社 1981 年版，第 136 页。

面决定作用的因素，乃是主要由农业劳动力与土地这种自然力相结合的生产方式。当土地这种自然力，这种在当时的基本生产手段，以任何方式被把握在另一部分人手中的时候，需要利用土地来从事劳动的农奴或农民，就得依照其对土地要求的程度，与土地所有者——领主或地主——结成一种隶属的关系，把他们全部的剩余劳动，乃至一部分必要劳动，或其劳动生产物，用贡纳、地租、赋税或用其他名义提供给土地占有者。并且，为了保障这种财产关系的安稳与榨取的顺利推行，在这种社会经济基础允许或要求的范围内，相应成立了各种与其相适应的政治、法律、道德的关系"。[1]这正是《资本论》中经济基础决定上层建筑的直接描述。

王亚南在评论中国农民起义中指出，二千多年来，中国农民起义不绝于书，中国多次农民战争没有表现出积极的社会革命成果，不是被镇压下去，就是以新王朝取代旧王朝而告终。传统中国政治的停滞，形成"历史的钟摆"。换言之，中国农民起义"不是生产力发展到高度水平产生新的生产力之后引起的社会革命"。[2]这正是《资本论》中关于生产力决定生产关系原理的直接阐释。王亚南在《中国传统官僚政治研究》一书中进一步指出，因为经济结构没有变化，虽然有农民起义，但这种官僚政治制度从未发生改变——"只要生产关系仍旧是封建的，这个特征虽有了重要的变化，或甚至消失了，封建制度的本质仍没有变更"。恰如《资本论》对亚洲社会发展停滞的评论："亚洲各个国家不断瓦解，不断重建，王朝也不断变更，但与此显著相反，亚洲的社会却是看不出什么变化。社会基本经

---

〔1〕 王亚南：《中国官僚政治研究》，中国社会科学出版社 1981 年版，第 52 页。
〔2〕 王亚南：《中国官僚政治研究》，中国社会科学出版社 1981 年版，第 208 页。

济要素的结构，在政治风云的浪潮中，总是原样不动。"[1]

对于黑格尔"除了帝王的尊严之外，中国臣民可说没有身份，没有贵族。惟有皇室诸子和公卿儿孙享有一种非由于门阀而宁是由于地位关系的特权。其余则人人一律平等，而惟有才能胜任者得为行政官吏"的观点，和瓦尔加"中国国家政体，因为调节水道、防止水患及灌溉田亩需要等而发生，完全带有和平性质，于是，在中国形成了一种特殊形式的传统阶级。这种特殊形式的阶级在欧洲是没有见过的，叫作士大夫阶级"[2]的见解，王亚南在评论中指出"这种种高见的发生，根本原因是如我们在前面第四篇所说，把封建制的本质看漏，拘泥于政治的表象，以为中国古代领主贵族政治解体了，封建制度也就随之消灭。而不知道封建制度的存废，最基本的要看社会的统治阶层是否还是寄生在对于农奴或形式上自由农民的剩余劳动或剩余劳动生产物的剥削上"。[3]"中国专制官僚政治上的帝王绝对支配权归根结底是建立在全社会基本生产手段——土地的全面控制上，是建立在由那种基本生产手段的控制所勒取的农业剩余劳动或其劳动生产物的占有上。"[4]对剩余劳动的剥削占有正是《资本论》中揭示资本家剥削的秘密所在。

王亚南从马克思主义经济基础决定上层建筑观点出发，辩证客观地分析中国官僚政治，从经济基础出发去解剖官僚政治，分析中国传统政治的经济基础，"像以上这样历史唯物主义的、

---

〔1〕［德］马克思：《资本论》（第一卷·下），郭大力、王亚南译，人民出版社1963 年版，第 61~62 页。

〔2〕 王亚南：《中国官僚政治研究》，中国社会科学出版社 1981 年版，第 59 页。

〔3〕 王亚南：《中国官僚政治研究》，中国社会科学出版社 1981 年版，第 59~60 页。

〔4〕 王亚南：《中国官僚政治研究》，中国社会科学出版社 1981 年版，第 61~62 页。

辩证的、具体生动的分析，以事物本身发展的事实，阐明事物演化的轨迹，这不仅在当时政治史、政治学的研究中是凤毛麟角，即使在整个社会科学界，也是出类拔萃的。"[1]王亚南对官僚政治的经济基础的分析，不仅揭示了中国官僚政治何以存在的基础，也阐释了中国历史形成钟摆的原因所在——封建地主经济的存在，虽经历代农民起义而传统中国并无发展；对官僚政治的经济基础的分析也说明了官僚政治将如何丧失——封建地主经济的消亡，官僚政治也将丧失其存在的基础而随之消亡。

四、《资本论》为王亚南的官僚政治研究提供了方法论

早期西方政治研究主要采用制度主义研究范式，即从政治体系、制度本身研究。西方学者对中国传统政治的研究大都遵循此研究范式。他们从制度——政治制度、社会结构、文化等角度探析中国传统政治统治之谜，如马克斯·韦伯、费正清、约瑟夫·阿·勒文森等，尤其美国学者杜赞奇的文化权力网络观更是独树一帜。在其博士论文《文化、权力与国家：1900—1942年的华北农村》中，杜赞奇论证了文化网络具有的权力机构特征，中央政府依赖于文化网络，构建自己的权威，实现对国家的统治。杜赞奇的文化权力网络观和黄宗智先生提出的帝制时代"集权的简约治理"也互相呼应。

其后随着新制度经济学的兴起，西方学者传统政治研究方法，从政治结构与系统的研究转向经济学的成本—收益范式的研究。如美国学者安东尼·唐斯在其1957年出版的《民主的经济理论》一书中，从经济人假设出发，从成本角度分析政治行为。1986年诺贝尔经济学获得者詹姆斯·M.布坎南和戈登·图

---

[1] 邹永贤："论王亚南对中国官僚政治的研究"，载《厦门大学学报（哲学社会科学版）》1991年第4期。

洛克在 1962 年出版的《同意的计算：立宪民主的逻辑基础》中同样用经济学方法研究政治行为。

唯物史观与唯物辩证法是《资本论》的方法论。《资本论》从对资本主义社会的生产关系的揭示，引向对资本主义社会的阶级关系的揭示。在《中国官僚政治研究》中，王亚南基于唯物史观与唯物辩证法，以大量的中国经济史和中国政治史的资料为佐证，具体分析经济基础如何决定上层建筑中的官僚制度，而后者又如何反过来影响经济基础，以至整个社会发展的特点。

王亚南应用《资本论》中历史唯物主义的、辩证的方法，对旧官僚政治演变到新官僚政治特别是官僚资本同社会经济关系、社会阶级利害关系的变化有密切的联系进行了具体生动的分析。"首先，在新官僚政治下，官僚资本既然主要是利用政治职权而制造出来的，那么，那种资本的拥有者就怎么也无法遮盖其贪污不法的伎俩。其次，贪污的横行与财阀的统治，定然使整个社会陷于无是非、不振作的状态中。又其次，笼罩或没沉在这种政治空气中的人们，不但在国家的百年大计上，没有好好冷静思考过，就是对于自家政治集团的切身利益，似亦不曾作过很合理的打算。最后，动乱发生了，战祸扩大了……官逼民反的老戏，又不断在重演。"[1] 历史本身就是一个矛盾发展的过程。王亚南对此进一步评论道："现实逻辑的发展如此，其实在理论上，亦是事有必至，理有固然的。官僚资本虽为新官僚政治撑持着偌大场面，但因为它既没有坚实的产业基础以造出新型的严密的经济管制与政治组织所需的条件，同时又以政治经济双管齐下的统治方式加速把农村社会赖以维系的旧生产组织、伦常关系从根子上破坏了，所以在结局，曾经当作新官僚政治之

---

〔1〕 王亚南:《中国官僚政治研究》，中国社会科学出版社 1981 年版，第187~188 页。

补强物看的官僚资本，竟反过来演变为新官僚政治的命运的捉弄者了。"〔1〕

王亚南对官僚资本的辩证分析揭露了官僚政治的悖论：一方面，官僚政治是作为统治阶级维护其统治的制度基础，构建了统治运行机制，保障了其统治；另一方面，由于其统治依赖于官僚政治制度，形成路径依赖，无法克服官僚政治的弊端而为自己培养了自己的掘墓人。

五、简要结语

王亚南先生应用《资本论》的辩证唯物主义原理和方法论对官僚政治研究，正如孙越生教授对王亚南先生的《中国官僚政治研究》所作的评价：是"我国第一部用马克思主义科学方法系统地剖析传统官僚政治的好书，以冷静的辩证唯物主义态度研究旧中国官僚政治的一部富有创造性的科学著作。它无疑将为我国和世界学术界今后进一步深入研究官僚政治提供良好的基础"。〔2〕

---

〔1〕 王亚南：《中国官僚政治研究》，中国社会科学出版社 1981 年版，第187~188 页。

〔2〕 孙越生："重读王亚南著《中国官僚政治研究》"，载《社会科学战线》1979 年第 4 期。